「余白」を残してあげることで自ら考え行動できる子どもを育てる

サッカー指導者／NPO法人
I.K.O市原アカデミー理事長

池上　正

40年超の長きにわたりのべ50万人以上もの子どもたちにサッカーを教えてきた池上正さん。子育てにも通ずる指導法を記した著書がベストセラーにもなったカリスマコーチだが、評判を聞いて見学に訪れる保護者や他の指導者は、実際に練習や試合を見ると、想像した以上に教えない、言わないことに驚くという。学校教育にはるかに先んじ、自らの経験に裏打ちされた、いわば"主体的・対話的で深いサッカー"の真髄を池上さんに聞いた。

（取材／本誌　今井　司・写真／人羅秀二）

JN026202

池上正さん率いるI.K.OアカデミーFCの試合の日。チームの子どもたちが続々と笑顔でグラウンドにやってくる。

「ボールを失わずにゲームを支配する。リズム良く、創造性、楽しさ、そしてアグレッシブに……」

集合すると、自主的に子どもたちによるチームの「Philosophy」そして「ゲームモデル」の唱和が始まる。いつものルーティンだ。頃合いを見計らって池上さんが登場。子どもたちに問いかける。

「では、『ボールを失わずにゲームを支配する』ってどういうことでしょう？」「えーっと、パスを回して相手に取られないようにする……」「まずは、取られないってことやな。取られないためにはどこを選んで出す？」

単なる読み上げに終わらず、毎回その意味するところまでしっかり確認し共有を図る。池上さん自身がチームの精神を忘れないよう原点に立ち返る意味もあるという。ほどなくパス回しの練習、いわゆる"鳥かご"がスタート。池上さんと2人の青年コーチも加わり、その輪からは笑い声が絶えない。

試合が始まれば要所で一言、二言発するのみ。どんな局面でも柔和な調子は変わることはない。

「さあ、ゴールキックどうしたらいいか考えてごらん。どこでもらったらいい？」

「マイボールやぞ……惜しい、惜しい。いいよ！」

怒鳴る、叱るはもってのほか。「こうしろ」という頭ごなしの指示ではなく投げかけ、そして肯定のメッセージがほとんどだ。試合が劣勢でも、時にうなずきつつ、時に苦笑しつつ、見守るまなざしは優しく、相手チームのゴールにさえ賛辞を惜しまない。やがてハーフタイム。「前半終わってどうでしたか？」再び問いが投げかけられる。長々と事細かに指示を出す他チームのコーチを尻目に、短時間でアドバイスを終えると、「じゃあ、行こ、行こ！」

子どもたちが伸びるには"余白"が大切だから、一から十まで教え込んでしまっては考える余地がな

試合前の練習では池上さんも真剣にボールを取り合う

メンバーみんなで唱和する「ゲームモデル」

くなってしまう。点を取るプロセスは一つではなく、どこからでもよい。その場その場で自分で考えだすこと、そして、仲間と協働してわかり合う、伝え合うことを一番大切にしている。

　小学5年生の男の子に「このチームの好きなところは?」と聞くと、「ミスをしても、みんなでカバーし合えるところ」との答え。池上さんの考えがしっかりと浸透しているようだ。試合でのポジションでさえ子どもたちが立候補制で自主的に決めていく。「こうすれば勝てるだろうに……」と思うこともあるというが、彼らの意思を尊重し口を出すことはしない。

　選手として大学時代にはインカレ出場、社会人でも国体出場を果たした池上さんだが、中学では水泳部に所属、サッカーを始めたのは高校生からというスロースターター。同じ敷地で練習する大学生のトップ選手はリフティング2500回をこなすのに、入部したばかりの池上さんはわずかに3回。レベルの違いに愕然としたそうだが、毎朝一人で練習するうち1週間も経つと100回できるように。その後も試行錯誤

しつつ自主練習に励み続け、チームの中心選手となるまでに成長。この経験から、競技に本腰を入れるのは高校生からで十分、ただしうまくなるには自ら考える姿勢が必須ということを体得した。

　スポーツは教育であり文化であるという考えのもと、無償で活動を続けている池上さん。ゆくゆくは自分のグラウンドを持つことが夢だ。老いも若きもそこで楽しみ交流できるような場を端緒に、皆が健康になれるまちづくりの実現を思い描いている。

●いけがみ・ただし　1956年生まれ。大阪体育大学サッカー部でインカレ出場。卒業後、大阪YMCAに入職し23年間在籍。在職中にサッカー大阪代表として国体に2度出場。2002年4月、Jリーグのジェフユナイテッド市原の育成普及部コーチとして加入。2010年4月より千葉大学非常勤講師、東邦大学非常勤講師、東京YMCA体育・保育専門学校非常勤講師、順天堂大学ゲストティーチャーなどを歴任。2012年2月より京都サンガF.C.コーチ契約。2016年より現在のNPO法人I.K.O市原アカデミー理事長として活動、現在に至る。著書に、『サッカーで子どもをぐんぐん伸ばす11の魔法』『伸ばしたいなら離れなさい』『叱らない育て方』など。

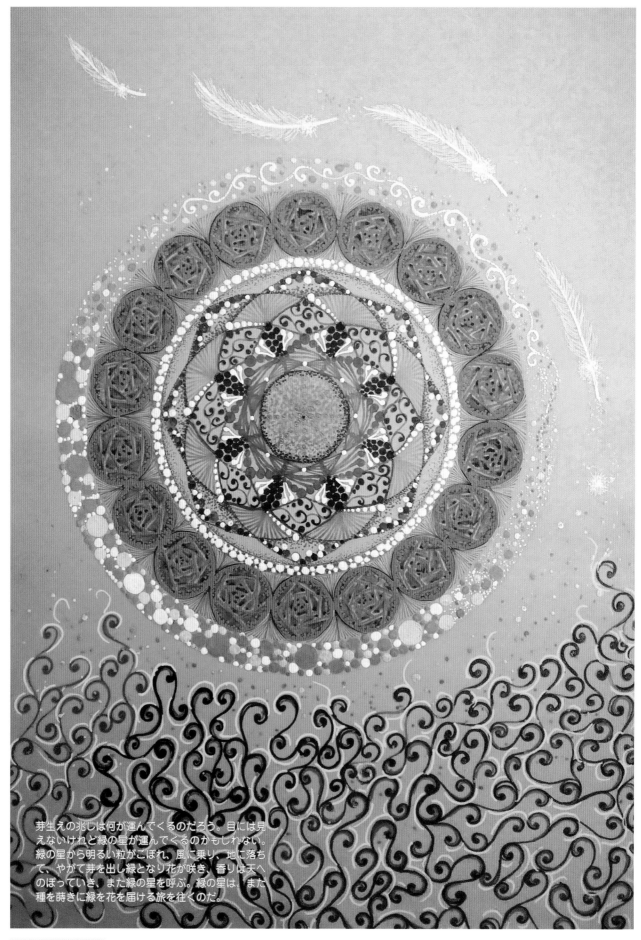

芽生えの兆しは何が運んでくるのだろう。目には見えないけれど緑の星が運んでくるのかもしれない。緑の星から明るい粒がこぼれ、風に乗り、地に落ちて、やがて芽を出し緑となり花が咲き、香りは天へのぼっていき、また緑の星を呼ぶ。緑の星は、また種を蒔きに緑を花を届ける旅を往くのだ。

時空に遊ぶ
曼荼羅のいざない　Scene5 ◆ # 種を蒔きに

[画・文] **フミ スギタニ** (ペン画作家)

2018年3月末、体を壊し退職。その後の人生を模索中にネットで偶然見かけた黒い紙にボールペンで描く曼荼羅アートに魅せられ自分でも描くようになった。私は曼荼羅アートを描いていると何も見えない暗がりに光を見いだしていくような気持ちになる。光を求めて私はこれからも描き続けていく。兵庫県を中心に個展やワークショップを開催し活動中。

Contents

Looking On-site──現場目線の人づくり

Spécial à la carte──想い癒されて心づくり

カラーページ

評価から考える 子ども自らが伸びる学び

　今次学習指導要領が求める「主体的・対話的で深い学び」と「個別最適な学び・協働的な学び」。育成すべき資質・能力に向けたこうした子どもの学びをどうみとるのか。また、子どもの学びのみとりからどのような授業づくりを構想すべきか。本特集では、令和の学びを踏まえ、評価と授業づくりの往還の視点から、学習評価から始める授業づくりについて考えます。

指導要録が求める評価のあり方と授業改善
評価が変わる、学びが変わる

佛教大学客員教授
田中耕治

　指導要録は学校教育法施行規則第24条に規定されるように、教育評価に関する公的な表示制度形態である。戦後日本の公的な教育評価のあり方（入試制度・調査書、テストや通知表の作成など）を方向づけてきたものである。しかしながら、それは一般に開示されないという性格から、保護者・国民にとっては、永くその存在すら知られていなかったものである。また、多くの学校現場においても、年度末の記入時を除いては、校長室に保管される事務文書のひとつとみなされてきた。

　このような存在であった指導要録が社会的な関心を集めるようになったのは、やはり2001年の指導要録改訂からであろう。まずは、その改訂の意義について説明してみよう。

教育評価観の大転換
―2001年改訂―

　2001年改訂の基本文書（教育課程審議会「児童生徒の学習と教育課程の実施状況の在り方について（答申）」平成12年12月４日）によれば、その改訂の核心について、「これからの評価においては、観点別学習状況の評価を基本とした現行の評価方法を発展させ、目標に準拠した評価（いわゆる絶対評価）を一層重視するとともに、児童生徒一人一人のよい点や可能性、進歩の状況などを評価するため、個人内評価を工夫することが重要である」と記述されている。

　戦後日本に初めて登場した1948年の指導要録に、とりわけ1955年改訂の指導要録からは総合「評定」欄に採用されて以降、およそ半世紀にわたって日本の公的評価のあり方を規定してきた「五段階相対評価」から「目標に準拠した評価（と個人内評価）」へと転換したのである。その後の2010年、2019年の指導要録の改訂においても、この核心は堅持されている。

　その転換の意義について、同答申では、次の５点を指摘している（文部科学省「学習評価に関する資料」平成28年３月14日参照。番号・傍線は筆者）。

①新しい学習指導要領に示された基礎的・基本的な内容の確実な習得を図る観点から学習指導要領に示した内容を確実に習得したかどうかの評価を一層徹底するため

②児童生徒一人一人の進歩の状況や教科の目標の実現状況を的確に把握し、学習指導の改善に生かすため

③各学校段階において、児童生徒がその学校段階の目標を実現しているかどうかを評価することにより上級の学校段階の教育との円滑な接続に資する

ため
④新しい学習指導要領では、習熟の程度に応じた指導など、個に応じた指導を一層重視しており、学習集団の編成も多様となることが考えられるため
⑤少子化等により、学年、学級の児童生徒数が減少する中で、評価の客観性や信頼性を確保するため

観点別評価の重視

　以上のように、総合「評定」も「目標に準拠した評価」が採用されてくると、その分析「評定」である「観点別評価」の重要性が必然的に増すことになる。従来、総合「評定」に「相対評価」が厳然と位置づいていた時には、その分析「評定」とされる「所見」欄や「観点別学習状況評価」欄（1980年改訂時より採用）は補完的・副次的な存在であった。

　そもそも、観点別評価で言う「観点」とは、従来から教育方法学で探究されてきた学力モデルの要素にあたり、学力の能力的側面を示すものである。ブルーム（Bloom,B.S）たちが開発した「教育目標の分類学（taxonomy）」に相当する。例えば、「三権分立」という教育内容を教えた場合、子どもたちにどのような能力や行動を期待するのかを明示しようとするものである。例えば、「三権の名前を暗記・暗誦する」（「知識・技能」）レベルから、「三権分立がなかった時代はどのような時代かを考え、発表する」（「思考・判断・表現」）レベルまである。この観点別評価は、子どもたちの学力形成にあたって、分析的、診断的に働くことが期待されたのである。

　この間、観点別評価が重視される背景には、以上で説明してきた日本の指導要録改訂の歴史的発展のみならず、とりわけ2000年から実施されるようになったPISAの影響を無視することはできない。PISAの学力規定である「リテラシー」は「活用力」

とされ、質の高い学力を要請している。このことを念頭に、さらには国際的な学習科学の成果を反映して、国立教育政策研究所が2015年に、今後の学力モデルとして「21世紀型能力」と呼称し、それを三層〈基礎力、思考力、実践力〉として構造化した（高口務〈国立教育政策研究所教育課程研究センター長〉『資質・能力を育成する教育課程のあり方に関する研究報告書1～使って育てて21世紀を生き抜くための資質・能力～』2015年3月）。この方向性をブラッシュアップした形で、2017年改訂の学習指導要領においては、「生きて働く知識・技能の習得」「思考力・判断力・表現力等の育成」「学びに向かう力・人間性等の涵養」の三つの柱で教育目標を示し、授業と評価のあり方を方向づけたのである。周知のように、このような動向は「資質・能力（コンピテンシー）・ベイス」な改革と総称されている。

　以上のように、2017年改訂の学習指導要領において、めざすべき「資質・能力」が三つの柱で示されることになった。この改訂を受けて、現行の指導要録の公的文書として、平成31年1月21日に「児童生徒の学習評価の在り方について（報告）」（以下「報告」と略称）が発出された。そこでは、従来の観点別評価の四つの観点（「知識・理解」「技能」「思考・判断・表現」「関心・意欲・態度」）が、「資質・能力」の三つの柱に対応して、三つの観点（「知識・技能」「思考・判断・表現」「主体的に学習に取り組む態度」）に整理されている。

　以上の経緯で発出された現行の指導要録における学習評価の基本構造が、国立教育政策研究所によって以下のように簡潔に整理されている（**図1**）。

　ここでは、現行の指導要録で示された「3観点〈知識・技能〉〈思考・判断・表現〉〈主体的に学習に取り組む態度〉」の内容理解と関係性について、やや立ち入った説明をしてみたい。まず、「主体的に学習に取り組む態度」については、「挙手の回数やノートの執り方などの形式的な活動ではなく、

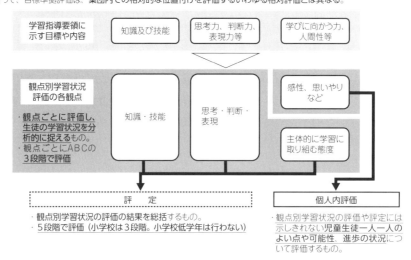

図1　学習評価の基本構造
（出典：国立教育政策研究所『学習評価の在り方ハンドブック　小・中学校編』2019年（以下「ハンドブック」と略称）、p.6）

『子供たちが自ら学習の目標を持ち、進め方を見直しながら学習を進め、その過程を評価して新たな学習につなげるといった、学習に関する自己調整を行いながら、粘り強く知識・技能を獲得したり思考・判断・表現しようとしたりしているかどうかという、意図的な側面を捉えて評価することが求められる』」（「報告」）とされている。つまり、「主体的に学習に取り組む態度」とは、内面の価値観に関わり、長期的な発達的な視点を要することから、教育現場においては、多くの教師が「学習態度」（授業への参加態度、発表態度、学習への真面目さなど）と「その教科の学習内容への関心」（学習したことを日常生活に活用する傾向性など）とを混同し、おもに観察可能な前者のみを対象にして評価していることの問題性は、この間の指導要録に関する公文書においても繰り返し指摘されている。この混同・誤解を解かない限り、「目標に準拠した評価」は主観的恣意性を持った「旧絶対評価」の呪縛からを逃れられないのである。

その上で、「報告」では、実際の教科指導の場面では、両側面（「粘り強く知識・技能を獲得したり思考・判断・表現すること」と「学習に関する自己調整を行うこと」）は相即不離な関係であり、アンビバレントではないと説明される。さらには、「報告」では「知識・技能や思考・判断・表現の観点が十分満足できるものであれば、基本的には、学習の調整も適切に行われていると考えられる」ことに留意すべきであると説明される。この説明から、日常の授業場面においては、何よりも「知識・技能や思考・判断・表現」を形成する十分な深い指導を行うことによって、「主体的に学習に取り組む態度」の育成をめざすものと解釈してよいであろう。

多様な評価方法の開発

ところで、観点別評価が注目されるようになったにもかかわらず、教育現場においては必ずしも所期の目的を達していないという実情が報告されている

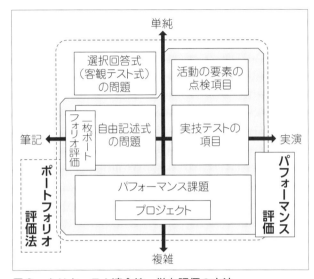

図2 カリキュラム適合性─学力評価の方法
（出典: 西岡加名恵『教科と総合学習のカリキュラム設計』図書文化、2016年）

（文部科学省委託調査『学習指導と学習評価に対する意識調査報告書』浜銀総合研究所、2018年1月参照）。その理由は多岐にわたると思われるが、その大きな要因のひとつは、めざすべき学力や教育目標に対応する評価方法（カリキュラム適合性：図2参照）の開発が遅れていることにあるだろう。「知識・技能」を再生するのみのペーパーテスト・客観テストに依存するだけでは、「思考力・判断力・表現力」を求める探究型の授業展開には対応できないし、生徒にとっても、「知識・技能」を中心とするペーパーテスト・客観テストのみを課されるとなると、探究型の授業自体を否定することにもなりかねない。この点に関しては、公的文書において「思考・判断・表現」の観点を形成する指導場面では、「多様な活動に取り組ませるパフォーマンス評価」（「報告」）や『ポートフォリオを活用したりするなどの評価方法』（「ハンドブック」）が推奨されている。

評価が変わる、学びが変わる

このような新しい評価方法の基盤には、質と参加を基軸とする「真正の評価」論がある（詳細は拙著『「教育評価」の基礎的研究』ミネルヴァ書房、2022年参照）。それは、子どもたちの「学び」の実相を深く診断するものであるとともに、それ自体が「学び」を活性化させる指導方法の一環となる。子どもたちは、その評価方法に参加するなかで、自らの「学び」を自己評価するとともに、より深く質的に多層的な理解を得ることができるようになる。

すなわち、評価を子どもたちの学力を把握する単なる手段と見るのではなく、評価行為自体を子どもたちの自律・自治を促す営為と見る評価観こそ、「真正の評価」論の立場である。「評価が変わる、学びが変わる」とは、単に「評価のために学ぶ」のではなく、評価行為自体に子どもたちの自律・自治の契機をみようとする意味であり、今後の評価実践の指針を示しているといえよう。

[参考文献]
・田中耕治編集代表『シリーズ学びを変える新しい学習評価』ぎょうせい、2020年

Profile

たなか・こうじ 1952年滋賀県生まれ。佛教大学教育学部客員教授。京都大学名誉教授。教育実践を対象とする教育方法学の立場から教育評価研究を拓いたパイオニア。単著『教育評価』（岩波書店、2008年）、編著『時代を拓いた教師たち Ⅰ、Ⅱ』（日本標準、2005年、2009年）、編著『グローバル化時代の教育評価改革』（日本標準、2016年）、『戦後日本教育方法論史 上、下』（ミネルヴァ書房、2017年）、編集代表『シリーズ学びを変える新しい学習評価』（ぎょうせい、2020年）、単著『「教育評価」の基礎的研究』（ミネルヴァ書房、2022年）他、著書多数。

令和の学びが目指す子供の姿

國學院大學教授
田村　学

期待する学びのイメージ

この度の学習指導要領の改訂で大切にしてきた「主体的・対話的で深い学び」に、「個別最適な学びと協働的な学びの一体的充実」を補完することにより、学びを能動的でアクティブなものにするだけではなく、より一人一人に目を向けたアダプティブなものにすることが期待されるようになった。その際、「個別」という言葉とGIGAスクール構想による一人一台端末の実現によって、子供一人一人が情報端末を抱えて学習活動を展開するイメージが広がっている。そこでは、集団による一斉の学習活動を否定する発言も聞かれる。

「個に応じた指導」を子供の目線で整理した「個別最適な学び」は、一人一台端末の実現によってその可能性を広げた。過去においては、「個に応じた指導」のために莫大な資料や学習プリントを用意し、それを子供が学習進度や学習対象に応じて選択するなどしてきたが、一人一人の子供が端末を持つことで、それぞれの子供に相応しいリソースに、簡便かつ瞬時にアクセスすることが可能になり、個に応じた学びが実現される可能性が高まった。そこには、子供の幅広い選択が生まれ、教師の指示を超え

た、自律的な学習の姿が生まれようとしている。

一方で、「個別」に執着するあまり、学習活動がそれぞれであることが優先され、一人一人の子供にとって確かな学びが実現されているかが心配になる実践も見受けられる。「個別最適な学び」において大切なことは、子供にとって「最適」な学びが実現されることであり、その結果、「個別」に行われる学習活動となる可能性が生まれることであろう。「個別」を優先し、見た目の学習活動を形式化することが目的ではない。一人一人の子供に確かな学びを実現することが大切であり、その結果、「個別」になることもあれば、「集団」になることもあるのではないだろうか。

おそらく、「個別」の学習活動の場面では、それぞれの子供に相応しい自律的な学習活動を、安定的かつ質高く実現することが欠かせない。そのためにも、「個別」の場面（学習過程におけるmiddle）における状況を整えること、「個別」に行われる学習活動の前後の一斉指導の場面（学習過程におけるbeforeとafter）において何に配慮するかを明らかにすることも大切な視点であろう。それらを意識した上で、期待する学びを以下のようにイメージする。

（1）「目的や課題、見通し」で自ら学びに向かうイメージ

資質・能力の育成のためには、思いや願いを実現し、目の前の問題を解決していくプロセスの充実が欠かせない。実際の社会で活用できる資質・能力の育成は、まさにプロセスの中で知識や情報が繰り返し活用・発揮され、どのような場面や状況においても自在に使いこなせる状態になることをイメージするとよい。

そのためにも、一人一人の子供にとって、何を解決するかという目的や課題が重要になる。その上で、見通しをもつことが欠かせない。見通しには到達点の見通しと通過点の見通しがある。この両者が明確になることで、学習する子供は、自らの意志で自律的に学びに向かっていく。

したがって、学習活動の導入場面や「個別」の学習活動に入る前（before）には、目的や課題を明確にすること、到達点と通過点からなる見通しをはっきりさせることが欠かせない。そのことによって、何を学習するのか、どのように学習するのか、どこに向かって学習するのかが明らかになり、一人一人の学習活動は、他者に依存したものではない自律的な学習となる。

（2）「内化と外化」で知識を相互作用するイメージ

期待する方向に向かい始めた学びを一層充実したものにするためには、プロセスにインタラクション（相互作用）を位置付けることが考えられる。学びのプロセスにおいて、より多くの知識や情報、より異なる知識や情報が加わり、プロセスは質の高いものとなっていく。たくさんの事実に関する知識は構造化され概念となって形成されていく。手続きに関する知識は様々な場面や状況と結び付いて自在に使える能力となっていく。

こうしたつながりは活用と発揮によってもたらされる。プロセスの充実とそこでのインタラクションは、知識の活用と発揮を生み出し、結果としてつながり構造化された知識を生成することとなる。ここで考えるインタラクションには、他者との対話だけではなく、自己内対話も含まれる。内なる自分と向かい合い、内言によってじっくりと語り合う熟考の姿は極めて大切である。さらには、教材との対話も視野に入れたい。それぞれの子供に相応しい教材、適切に資質・能力が育成される教材と出会い、そこでどのような学びが展開されるかをイメージすることは極めて重要である。

したがって、充実した豊かなインタラクションを実現するためには、必要かつ適正な知識や情報が一人一人に応じて獲得できるようにするとともに、その知識や情報の活用機会が増えることが大切である。そのためにも、いかに学びの状況を整えるかに配慮したい。思考ツールなどによって異なる多様な他者との対話が生まれやすい状況を整えること、一人一人の子供の習熟度、興味・関心、認知特性、学習方略などの実態に応じて、適切な情報にスムーズにアクセスできるようにすることなどが欠かせない。学習活動の展開場面における話合いや「個別」の学習活動（middle）においては、多様な他者や適切なリソースとの相互作用が生まれる状況を設定したい。

（3）「文字言語による振り返り」で知識を精緻化するイメージ

プロセスとインタラクションに加えて、もう一つ重要な要素がリフレクション（省察）になろう。自らの学びを振り返り、意味付け、価値付ける。そのことが、知識の構造化を確実にする。構造化された知識は、活用だけではなく定着にも向かう。単元や授業の終末に振り返りをしっかり行うことには大きな価値がある。

ここでは文字言語を使うことが多くなろう。音声言語は緩やかに広がるという特性があり、異なる多

様な情報を瞬時に交流したい場面では最適である。一方、文字言語は明示され自覚しやすい。加えて、記録として残すこともできることから共有することにも向いている。この音声言語と文字言語を巧みに使い分けることが学び全体の質を高めていく。

単元や授業では、多くの知識や情報を獲得する。そうした知識や情報は単体のままでは機能しにくい。つながり、構造化して、精緻化していくことによって、異なる様々な場面で使いこなせるものとなり、駆動する状態に向かう。そのためにも、学習活動で心がけることは一つ一つの知識の粒を、どのように組み立て、どのような塊を創るかを考えることである。一人一人の中で、組み立てる局面が展開であり、学びの成果物としての塊を創り、手応えを付与する局面が終末と考えることもできる。そうした学びのプロセスを推進していく源泉となるのが導入における目的や課題、見通しということになろう。

したがって、学習活動の終末場面や「個別」の学習活動の後（after）においては、学習集団全体での交流や書くことによる学びの見つめ直しを心がけたい。そのことが知識や情報を精緻化していくからである。

「主体的・対話的で深い学び」においても、「個別最適な学びと協働的な学びの一体的充実」においても、先に示した（1）～（3）のイメージを実現することが大切になる。

評価規準の設定と学習指導の創造

先に示した学びのイメージを確かに実現するには、学習指導と学習評価がポイントとなる。ここでは、学習評価、とりわけ評価規準の設定が重要な役割を担っていることについて考えていく。妥当性と信頼性のある学習評価を実現していくポイントは、確かな評価規準の設定にある。一方、設定された評価規準は授業におけるゴールイメージと重なることが多く、評価規準を具体的でシャープに言語化することは、子供の姿を確かに評価するだけでなく、ゴールイメージを起点とした学習指導の精度を上げていくことにもなる。

では、学びのイメージを鮮明にする評価規準を設定するには、どのようにすべきか。例えば、単元導入での「思考・判断・表現」、単元終末での「主体的に学習に取り組む態度」について、総合的な学習の時間を参考にして考えていく。

（1）単元導入での「思考・判断・表現」

評価規準については、「○○について（おいて）、△△しながら（して）、□□している」を表現様式のモデルと考える。例えば、総合的な学習の時間における環境問題を探究する学習活動において、次のような評価規準を設定することが考えられる。

「○○川の環境の変化について、水質調査の結果と踏査活動の結果を関連付けながら、水の汚れの問題を見つけ出している。」

評価規準における資質・能力の表記部分には、期待する子供の姿を示すことが必要になる。私たちは、目の前の子供の姿、子供の行為を目にし、その事実から判断していくからである。

重要なのは、その姿は、どのように知識が活用されたり、発揮されたりして思考、判断、表現しているかにある。それを明らかにし、その姿を言語化して示すことにより、確実に見取り評価することが可能になる。そこで、「○○○しながら」「○○して」などの言葉を記すことが極めて大切になる。「思考・判断・表現」においては、ここに思考スキルなどの認識する際の方法としての手続き的知識などを位置付けることが考えられる。

先に記した評価規準の例文においては、水の汚れの問題を見つけ出している子供の姿が現れることを

期待している。その行為は、水質調査や踏査活動に基づくデータを関連付けたり結び付けたりする資質・能力の発揮を願っている。複数のデータを関連付けて考えること、そうした思考力の確かな育成を目指している。自ら考え問題状況を把握することが、更なる追究を自律的なものとしていく。

この評価規準は、学習指導の改善につながっている。授業においては数値化された量的なデータと踏査を通した質的なデータが潤沢に用意され、それらが関連的に扱われることとなろう。ゴールイメージの精度を上げることが授業の質を高めていく。

（2）単元終末での「主体的に学習に取り組む態度」

主体的に学習に取り組む態度についても、評価規準の表現様式は同様に考える。重要なポイントは、どのように知識が活用されたり、発揮されたりして期待する主体的に学習に取り組む態度として行為されるかにある。それを明らかにし、その姿を言語化して示すことにより、確実に見取り評価することが可能になる。したがって、「○○○しながら」「○○して」などの言葉を明確にすることが大切になり、ここに非認知系の社会情動的スキルを位置付けることが考えられる。社会情動的スキルは、私たちが実際に行動する際の行為を決定付ける価値を言語化したもの、自らの行為に関わる非認知系の知識である。具体的には、「力を合わせ協力しようとすること」「異なる意見を参考にし、生かそうとすること」「諦めずに繰り返し取り組もうとすること」「目標に向けて何度も挑戦しようとすること」「いつでも誰に対しても同じように対応しようとすること」などが考えられる。

環境問題について探究的に学ぶ総合的な学習の時間において、単元終末の学習場面では、次のような評価規準を設定することが考えられる。

「調査結果を発表する場面において、グループのメンバーの意見を受け入れ参考にしながら、プレゼンテーションを作成している。」

ここでは、調査グループ内のメンバーの様々な意見を肯定的に受け入れ、それぞれのよさを生かし参考にしようとする態度の育成を期待し、評価規準を具体的に設定している。学習活動としては、異なる多様な意見が際立つ授業になるとともに、それぞれのよさが明らかになるような授業を行うことになろう。また、違いを認め受け入れることのよさを実感する振り返りの場面が用意されることも考えられる。先に示した非認知系の知識を参考にした評価規準が、学習指導を確かにしていく。

具体的な学習活動に即した評価規準は、すなわち授業で目指す子供の姿である。どのような子供の姿を目指しているのか。どのような子供の姿が現れることを期待しているのか。この姿を明らかにできずして授業を設計することは難しい。期待する学びのイメージを鮮明にすること、評価規準から学習指導を創造することが求められている。

[参考文献]
• 拙著『深い学び』東洋館出版社、2018年
• 拙著『学習評価』東洋館出版社、2021年
• 拙著『「ゴール→導入→展開」で考える「単元づくり・授業づくり」』小学館、2022年

Profile

たむら・まなぶ　1962年新潟県生まれ。新潟大学卒業。上越市立大手町小学校、上越教育大学附属小学校で生活科・総合的な学習の時間を実践、カリキュラム研究に取り組む。2005年4月より文部科学省へ転じ生活科・総合的な学習の時間担当の教科調査官、15年より視学官、17年より國學院大學人間開発学部初等教育学科教授。主著書に『思考ツールの授業』（小学館）、『深い学び』（東洋館出版社）、『平成29年改訂 小学校教育課程実践講座 総合的な学習の時間』（ぎょうせい）、『「深い学び」を実現するカリキュラム・マネジメント』（文溪堂）など。

「個別最適な学び」と「協働的な学び」を生かす評価

京都大学大学院准教授
石井英真

資質・能力の育成につながる学習評価のあり方

この小論では、「個別最適な学び」と「協働的な学び」の一体的充実を学習評価にどう生かすかについて述べたい。その際、「主体的・対話的で深い学びをどう評価するか」や「個別最適な学びをどう評価するか」といった問いの立て方は不適切であることをまずは指摘しておきたい。評価すべきは「○○な学び」自体ではなく、それを通して最終的に子どもたちにつかませたい内容の習得状況や育成したい資質・能力の実現状況、すなわち目標である。

新学習指導要領で目指されている学力像を捉え、評価方法へと具体化していく上では、学力の三層構造を念頭において考えてみるとよい。個別の知識・技能の習得状況を問う「知っている・できる」レベル（例：三権分立の三権を答えられる）であれば、穴埋め問題や選択式の問題など、客観テストで評価できる。しかし、概念の意味理解を問う「わかる」レベル（例：三権分立が確立していない場合、どのような問題が生じるのかを説明できる）については、知識同士のつながりとイメージが大事で、ある概念について例を挙げて説明することを求めたり、頭の中の構造やイメージを絵やマインドマップに表現させてみたり、適用問題を解かせたりするような機会がないと判断できない。さらに、実生活・実社会の文脈における知識・技能の総合的な活用力を問う「使える」レベル（例：三権分立という観点から見たときに、自国や他国の状況を解釈し問題点などを指摘できる）は、実際にやらせてみないと評価できない。そうして実際に思考を伴う実践をやらせてみてそれができる力（実力）を評価するのが、パフォーマンス評価である。

ドリブルやシュートの練習（ドリル）がうまいからといってバスケットの試合（ゲーム）で上手にプレイできるとは限らない。ゲームで活躍できるかどうかは、試合の流れ（本物の状況）の中でチャンスをものにできるかどうかにかかっており、そうした感覚や能力は実際にゲームする中で可視化され、育てられていく。ところが、従来の学校では、子どもたちはドリルばかりして、ゲーム（学校外や将来の生活で遭遇する本物の、あるいは本物のエッセンスを保持した活動）を知らずに学校を去ることになっていないだろうか。このゲームに当たるものを学校で保障し、生きて働く学力を形成していこうというのが「真正の学び（authentic learning）」の考え方である。資質・能力ベースをうたう新学習指導要領が目指すのは、「真正の学び」を通じて「使える」レベルの知識とスキルと情意を一体的に育成するこ

とであって、そこに個別最適な学びと協働的な学びの一体的充実がどう寄与するかが問われねばならない。

「個別最適な学び」をどう捉えるか

次に、個別最適な学びと協働的な学びを一体的に充実させるとはどういうことかについて整理してみたい。特に「個別最適な学び」が注目を集めているが、その言葉の意味は自明ではない。「個別」という言葉は、一人一人の個別のニーズに応じる志向性を表現し、「最適」という言葉は、本人が望んでいるものと効率的に出会えるようにする志向性を表現している。そうした「個別最適」は、生活のあらゆる場面で際限なく蓄積されたデータを統計的に処理することで可能になるレコメンド機能やマッチング機能によって具体化しうるものである。ネット通販のように、自動的に学習を導いてくれると考え、AIドリルが注目されることには一定の合理性がある。

これに対して、「個別最適な学び」という言葉には、AIドリルに矮小化されない広がりが期待されている。もともと「個別最適化された学び」と言われていたものが、「個別最適な学び」と言い換えられたのは、AIの活用によって、受け身の学びに陥るのではなく、子どもたち自身が主体的に学びたいものを学び続けていくという意味を持たせるためである。そして、「指導の個別化」と「学習の個性化」という言葉でその内実は整理されている。

「個別」という言葉が示す一人一人に応じた教育について、できる・できない、早い・遅いという一元的で垂直的な量的差異に着目する「個別化(individualization)」と、それぞれの子どもの興味・関心や持ち味を尊重するという多元的で水平的な質的差異に注目する「個性化(personalization)」

では、実践の方向性は異なる。前者の発想で目標までも無限定に個別化することについては、学びの孤立化や機械化が危惧される。他方、後者の発想に立つと、一人一人の個性はむしろ共通の大きなゴールや題材をともに眼差しながら、他者とともに対話して学び合うことで確認・発見・承認され、磨かれ豊かになっていくものである。

「最適」という言葉については、「快適な学び」という方向性でのみ捉えられていないか注意が必要である。特に、ICT活用やデジタル化は、便利さやスマートさを実現する方向で実装されやすい。教師や他の大人が手をかけなくても自分で、自分たちだけで学びを進めているように見えて、大人たちが設定した一定の枠内で、あるいは、自分の世界観の枠内に閉じた形での主体性になっているかもしれない。それは、大人にとって都合の良い従順な主体性であり、学び手自身にとっても、自分の嗜好や信念に閉じていく自己強化であり、既存の選択肢から選ぶ、あるいは選ばされる学びとなっているかもしれない。

AIドリルにより「個別最適化」されることで、受け身の学びに陥るのではなく、子どもたち自身が主体的に学びたいものを学び続けていく「子ども主語」の学びにつなげていきたい。そのような志向性が「個別最適な学び」という言葉には含まれている。また、個々人にとって「最適」というのも、指導の手立てや学び方といった方法レベルに止まるか、そもそもの目標レベルで考えるかは論点となる。自由進度学習などで、目標までも無限定に自由に個別化すると、格差の拡大や分断につながる危惧もある。

こうして、「個別最適」という考え方については、AIドリルという狭いイメージを超えていくこと、また、機械的なドリル学習や学びにおける格差・分断の拡大に陥るのを防ぐことが課題となる。図のように、「個別化」と「個性化」の軸、および「教師主語」と「子ども主語」の軸で「個別最適な学び」

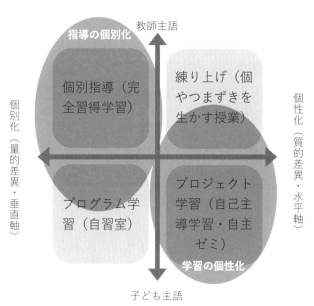

図　「個別最適な学び」の類型（筆者作成）

のパターンを類型化してみると、「指導の個別化」と「学習の個性化」の位置付けが明確になる。

「個別化」については、子どもたち任せで自由に自習室的に学び進めていくようなプログラム学習に止まらせず、学校や教師が責任をもって一定水準の目標達成を保障する、完全習得学習（共通目標の達成に向けた方法の個別化）として遂行する（「指導の個別化」）。また、「個別最適な学び」は、教育の「個別化」に止まらせず、教育の「個性化」としても展開していく必要がある。その際、クラス全体での協働的な学びにおいて、それぞれの持ち味や個性的な考え方を教師が取り上げ、つなげ、ゆさぶったりして練り上げていくような学び（一人一人を生かした創造的な一斉授業）は、これまでも少なからず展開されてきた。しかし、より一人一人のやりたいことや追究したい問いや自律性を重視する「子ども主語」のプロジェクト型の学びを促すべく、「学習の個性化」が提起されているとみることができる。

「多層的な教室」による「個別最適な学び」と「協働的な学び」の一体的充実

「個別最適な学び」は、「協働的な学び」と一体的に捉えられるべきとされる。まず、その子なりの持ち味等の質的差異を尊重し育む「学習の個性化」は、異質な他者との対話・協働を通してこそ実現される。また、習熟度等の量的差異に応じる「指導の個別化」についても、一対一の手厚い個人指導を理想化することは危うい。少人数学級でクラスの子どもの数も少し減るからといって、教師の目を常に行き届かせる、教師が救うという発想で考えるのではなく、教室空間にできた余裕を生かして、個人、ペア、グループなどの様々な形態を許容しつつ、フレキシブルな時間と空間において子どもたち同士の学び合いを組織することが重要である。仮に個々に別々のことをしていても同じ空間でともに過ごし学ぶことの意味にも目を向ける必要がある。

個別最適な学びと協働的な学びとの一体的充実を考える上で、オンライン学習をはじめとするICT環境の整備を、非常時の備えや一つの手法としてではなく、本質的には、サイバー空間上のもう一つの教室（学習空間）の増設問題として捉える視点が重要である（「多層的な教室」）。教室での対面でのコミュニケーション（一つ目の教室）が難しくなっても、Zoom等を使えば顔も見ながら同時双方向でやり取りできる（二つ目の教室）。さらに、それが落ちてしまったとしても、学校ホームページやGoogle Classroomなどのオンライン上のプラットフォーム（三つ目の教室）があれば、課題のやり取りを通して、文通的、通信添削的なやり取りで学びを支援できるし、共同編集機能を使えば、顔は見えないけれど、リアルタイムで他の子どもたちとつながりながら一緒に学んでいる感覚を一定程度持つこともできる。

こうして多層的な教室空間が生まれることで、単元や授業が終わっても、さらに追究を続けたい子どもたちでグループを立ち上げて学び続けていくことができる。そして、たとえば、学校としての共通テーマによる授業研究で教師同士が協働的に学び合うのとは別に、教師一人一人が各人の個人テーマを継続的に追究するように、みんなで学ぶ授業の場（協働的対面授業空間）とは別に、子ども各人がクラウド上で追究を進めていくような複線型の学び（複線的デジタル学習空間）が並行して展開し、両者を往還させるような学びのデザインも考えられる。たとえば、国語の授業で、作品のポイントとなる場面を対面でみんなで読み深めていくのと並行して、クラウド上の学習空間で、自分なりに引っかかった部分を調べたり、浮かんだ問いを追究したりする活動を、各自で自習的に、時にクラスメートと共有したりしながら進め、学習履歴を蓄積していき、時折それを対面の授業空間で交流したり、課題を共有してみんなで追究したりするといった具合である。

そういったフレキシブルな学びの展開は、たとえば、部活動で試合というゴールに向けてみんなで練習したり少人数で学び合ったり各自自主トレしたりするように、また、美術などの作品制作に、時に学び合いながら、自分のペースで各自取り組んだりといった具合に、単元単位で大きな問いや課題に取り組むことで生み出しやすくなる。試合、コンペ、発表会など、現実世界の真正の活動には、その分野の実力を試すテスト以外の「学びの舞台」（「見せ場（exhibition）」）が準備されており、そうした「学びの舞台」に相当するものを設定して実力を試すのがパフォーマンス評価である。それを軸に学力の三層構造を意識して単元を設計し、課題遂行の必要に応じて学習者自らが自主トレ的に個別的な知識・技能の習得するのを支援する「指導の個別化」を位置づけながら、クラス全体やグループで各人の考えを

交流し深めたり協力して問題を解決したりする「協働的な学び」を遂行しつつ、課題遂行の先に新たに自ら追究したい問いや課題が各人に生まれること（授業や学校を学び超えていく主体性）を支援したりするわけである（「学習の個性化」）。

学力の三層構造をふまえれば、AIドリル等を生かした「指導の個別化」は、「知っている・できる」レベルの知識・技能の確実な保障に寄与する。また、つまずきを生かしたりしながら展開する練り上げのある授業は「わかる」レベルの学力を主に保障するものであるが、学習者主体のプロジェクトでeポートフォリオ等に学びの履歴を蓄積していく「学習の個性化」は、「使える」レベルの思考や態度の育成と評価に寄与するものと捉えることができる。「真正の学び」に内在している「個別最適な学び」のプロセスを意識化し、学力の三層それぞれの効果的な実現につなげていく視点が求められる。

[参考文献]
• 石井英真『中学校・高等学校　授業が変わる学習評価深化論』図書文化社、2022年。

Profile

いしい・てるまさ　京都大学大学院教育学研究科博士後期課程修了。日本学術振興会特別研究員（PD）、京都大学大学院教育学研究科助教、神戸松蔭女子学院大学専任講師を経て、2012年4月より現職。博士（教育学）。専門は教育方法学（学力論）。学校で育成すべき資質・能力の中身とその形成の方法論について理論的・実践的に研究している。主な著書として、『未来の学校　ポスト・コロナの公教育のリデザイン』（日本標準）、『授業づくりの深め方』（ミネルヴァ書房）など。

多様な学習者に学力を育む パフォーマンス評価

京都大学大学院准教授
奥村好美

パフォーマンス評価とは何か

　パフォーマンス評価とは、「知識やスキルを使いこなす（活用・応用・総合する）ことを求めるような評価方法の総称[1]」である。中でも、パフォーマンス課題とは、「子どもたちが覚えたことを単に再生するだけでは取り組めないような課題であり、構造化されていない、型にはまっていない、または予想不可能な問題や挑戦の文脈で、学んだ知識やスキルを総合して活用することを求めるような複雑な課題[2]」を指す。具体的には、論説文やレポート、絵画、展示物といった完成作品（プロダクト）や、スピーチやプレゼンテーション、実験の実施といった実演（狭義のパフォーマンス）が評価される。パフォーマンス課題のうち特にリアルな文脈で力の発揮を求めるものを真正のパフォーマンス課題という。

　ここでパフォーマンス課題の具体例をあげてみたい。中学校社会科地理分野の小単元「中国・四国地方」の課題「広島市・高知県を住みやすくするためのアイデアを考えよう！」である[3]。

　あなたは（A：広島市の市長／B：高知県の知事　※選択）に頼まれて、もっと（A：広島市／B：高知県）を住みやすくするにはどうすれば良いか、アイデアを出すことになりました。広島市の市長は過密問題、高知県の県知事は過疎問題で困っています。学んだことを活かして、あなたの考えをレポートにまとめましょう。その際に、次の①～③を必ず入れましょう。※写真や資料を引用または貼り付けても構いません。

① （A：広島市／B：高知県）の自然や産業などの特徴
② （A：（広島市）過密問題／B：（高知県）過疎問題）により、どんな困ったことがおきているか
③ ②の問題を解決するための具体的アイデア、そのアイデアによってどんな良いことが期待できるか

　このような現実的な文脈を取り入れた、覚えたことを単に再生するだけでは取り組めないような課題は、学習が苦手な生徒には難しいと感じられるかもしれない。しかしながら、パフォーマンス課題を実施してみると、学習が得意だと思われていた子どもの意外なつまずき（例えば、紙面上の「問題を解く」ことはできても、それを学校の外の現実と結びつけて考えられていない）や、学習が苦手だと思われていた子どもが丁寧に思考しながら学び直しを行

う姿（例えば、自分の興味関心に根ざして粘り強く取り組む中で知識やスキルを身につけていく姿）を目にすることがある。上記の課題でも、生徒たちは自分の興味関心を活かして様々な作品を作っていた（例：過疎化により高知県に空き家が多いことを利用して古民家カフェを開き、促成栽培で育てたナスを用いた料理を出すというアイデアが書かれた作品など）。このように、パフォーマンス課題を評価方法に取り入れることは、ペーパーテストだけでは評価できない学力を育成し評価する途を拓くとともに、子どもたちの多様性に応じることにもつながりうるといえる。

■ 「逆向き設計」論の考え方

　パフォーマンス課題を効果的に実施するには、教師がその単元（カリキュラム）で特に重点を置く目標と対応させて課題を設定することが求められる[4]。そのためには、単元（カリキュラム）を「逆向き設計」論の考え方で設計することが有効である。「逆向き設計」論とは、ウィギンズ氏とマクタイ氏が創案したカリキュラム設計論である。**図1**のように、教育目標にあたる「求められている結果」、評価方法にあたる「評価の証拠」、授業過程にあたる「学習経験と指導の計画」を三位一体のものとして設計するアプローチである。「逆向き設計」論が、「逆向き」と呼ばれる理由は2つある。1つ目は、

図1　「逆向き設計」論の3段階[4]

教育を通じて最終的に育てたい子どもたちの姿（「求められている結果」）から遡って単元（カリキュラム）が設計されることにある。2つ目は、多くの場合、指導が行われた後で考えられがちな評価方法まで、指導に先だって考えておくことにある。

　「逆向き設計」論では、教師が単元（カリキュラム）を設計する際に、子どもが教育目標を達成するために何をしなくてはならないかという「学習」にではなく、どのように教えるかという「指導」にのみ焦点を合わせがちであることに注意が促される。そのような単元（カリキュラム）の設計は、子どもの力を育むための「意図的設計（by design）」ではなく「希望的観測（by hope）」であるという。「逆向き設計」論を目標・評価・指導の一体化という視点のみで捉えると、目標へ向けたやや固定的な単元（カリキュラム）設計になるのではないかと考える人もいるかもしれない。しかしながら、あくまで求められている学習結果を子どもに実現することが重視されていることを考えると、むしろ子どもの実態に応じた柔軟性は必要であり、固定的な単一のレールは想定されにくくなるだろう。

　図2の左側は、「逆向き設計」論に基づいて単元を設計するためのテンプレートの概略である。「逆向き設計」論では、子どもたちが学んだことを現実世界の様々な場面で活かせるようになる（転移）ために、深く理解すること（永続的理解）が不可欠であると考えられている。そのため、「求められている結果」を考える際には、その単元（カリキュラム）における重点目標を「（永続的）理解」と「本質的な問い」に分けて記述することが求められる。これによって教師が教えたい内容を教え込むのではなく、子どもたちが「本質的な問い」を探究した結果として「（永続的）理解」に至る学習を生み出す設計が可能となる。「評価の証拠」では、「理解」と対応したパフォーマンス課題を設定することが重要である。ただし、「評価の証拠」では、パフォーマ

ンス課題だけでなく、従来使われてきたようなペーパーテストや、インフォーマルな観察や対話、子どもの自己評価など様々な「その他の証拠」を含むことが想定されている。「学習計画」では、設定したパフォーマンス課題に子どもたちが取り組めるような力を育むために長期的な視点で計画を考えることが大切である。先述した社会科の事例は、大学教員である筆者と宮田氏が飛び込みで行った実践であるため、全４時間の小単元で実施された[3]。しかしながら本来は、複数の知識やスキルを学べる、より大きなまとまりの単元で実施することが望ましい。

■ 「逆向き設計」論において 「個に応じること」

　「個に応じること（differentiation）」を考える際には、何にどのように応じるべきか、また応じないべきかを考える必要がある。「逆向き設計」論との関連でいえば、トムリンソン氏とマクタイ氏が**図２**のような枠組みを提案している[5]。それによれば、「求められている結果」や「評価の証拠」のうち、その単元（カリキュラム）の中核にあたる「本質的な問い」と「（永続的）理解」、それらと対応する

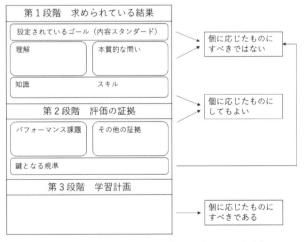

図２　「逆向き設計」論において「個に応じること」[5]

「鍵となる評価規準」は、基本的に個に応じて変えるべきではないことが指摘されている[1,5]。むしろ、その単元（カリキュラム）において、何が学問的に中核にあたるのか、何を長期的に子どもたちに保障する必要があるのかを明確にしておくことで、診断的・形成的評価を行いやすくなり、かえって指導を行う際に柔軟に個に応じやすくなる。

　一方、「求められている結果」や「評価の証拠」のうち、細かな知識やスキル、また評価方法における表現のあり方については、個に応じたものにしてもよいと考えられている。「逆向き設計」論では、子どもたちは、個別の知識やスキルをバラバラに覚えていくのではなく、「本質的な問い」を探究する中で「理解」を深めながら様々な知識やスキルを身につけていくことが求められる。したがって、身につける知識やスキルのレパートリーが子どもによって変わることは起こりうる。また、評価方法については、パフォーマンス課題が「（永続的）理解」を評価する課題であるならば、表現は多様であってよいと考えられている。

　先述した社会科の事例では、広島市もしくは高知県のいずれかを選択できる課題としていたものの、小単元における「本質的な問い」「永続的理解」、それに基づくルーブリックは、共通のものを用いている。パフォーマンス課題での表現としては、「レポート」を作ることとしていたが、プレゼンテーションのための「スライド」や「ポスター」作りなど、表現の選択肢を設定することもできただろう。生徒の実態に応じて、口頭で説明したり、視覚的に描いて説明したりするなど表現の選択肢を増やすことで、生徒は内容についての「理解」を自分に合う表現で示すことができるようになる。もちろん、全てのパフォーマンス課題で選択肢を準備することは現実的ではないかもしれないものの、こうした点を意識しておくだけで、評価方法のあり方は変わりうるだろう。ただし、繰り返しになるが、この際に留

意すべき点として、表現が異なったとしても、「理解」を評価する「鍵となる規準」は共通である必要がある。これを変えてしまうと、全ての子どもたちに「理解」を保障することができなくなってしまう。

「学習計画」は、**図2**のように、全ての子どもがより良く学習できるよう、できるだけ個に応じたものにするべきであると考えられている。その際、多様な学習者の学習状況を把握し、指導の改善に活かすためには、診断的評価や形成的評価を充実させることが重要である。「逆向き設計」論に基づいて、事前に学習経験や指導を設計したとしても、その計画を固定的に捉える必要はない。むしろ、長期的な目標を明確にしつつ、目の前の子どもたちの実態を捉えることで、必要に応じて柔軟に計画を組み直すことが可能となる。また、パフォーマンス課題実施後に、子どもたちの作品（実演を含む）に基づいて、ルーブリックを作成することもおすすめである。作成のプロセスの中で、意外なつまずきや成果など、子どもたちの学習実態を具体的に把握することができ、必要に応じて目標自体を見直すことも含めて、短期的・長期的な指導の改善に活かすことができる。

また、子どもたち自身が自分の学習状況に応じてパフォーマンスを改善できるようにすることも重要である。そのためには、一人ひとりに質の高いフィードバックを行うこと、そしてそれを通じて子どもたちの自己評価力を高めることが大切である。フィードバックを効果的に行うためには、「時宜にかなっていること」「具体的であること」「学習者が理解できること」「（フィードバック後の）調整を可能にすること」などがポイントとなる[5、6]。この時、ルーブリックを活用することもできるだろう。その場合には、評価のしやすさだけを念頭において単純化した評価指標や「素晴らしい」「良い」などの曖昧な記述語ではなく、具体的な特徴を示しつつパフォーマンスの質を伝えられるようにすることがポイントとなる。さらに、複数の作品例をルーブリッ

クと合わせて示すことで、具体的な規準・基準が伝わりやすくなるといえる。こうして具体的なゴールや規準・基準を共有することで、子ども同士の相互評価を通じたフィードバックを活用することもできるようになるだろう。

このように、子どもたちの多様性をふまえてパフォーマンス評価に取り組み、それを指導や学習の改善に活かしていくことが、全ての子どもたちに長期的に生きて働く学力を保障することにつながっていくといえるだろう。

[注]
1　西岡加名恵著『教科と総合学習のカリキュラム設計―パフォーマンス評価をどう活かすか』図書文化社、2016年。
2　奥村好美、西岡加名恵編著『「逆向き設計」実践ガイドブック―『理解をもたらすカリキュラム設計』を読む・活かす・共有する』日本標準、2020年。
3　奥村好美、宮田佳緒里「パフォーマンス評価におけるフィードバックのあり方に関する一考察―中学校社会科の実践に焦点を合わせて」『兵庫教育大学研究紀要』第51巻、2017年、pp.119-128。
4　G.ウィギンズ、J.マクタイ著、西岡加名恵訳『理解をもたらすカリキュラム設計―「逆向き設計」の理論と方法』日本標準、2012年。
5　C.A. Tomlinson and J. McTighe, *Integrating Differentiated Instruction & Understanding by Design: Connecting Content and Kids*, Alexandria: ASCD, 2006.
6　G. Wiggins, *Educative Assessment: Designing Assessments to Inform and Improve Student Performance*, California: Jossey-Bass, 1998.

Profile

おくむら・よしみ　福岡県出身。京都大学大学院教育学研究科博士後期課程を修了後、兵庫教育大学講師、准教授を経て、現在は京都大学大学院教育学研究科准教授。オランダの学校評価やオルタナティブ教育に関する研究や、日本の学校現場との共同授業研究などを行っている。主著に『＜教育の自由＞と学校評価―現代オランダの模索』（単著、京都大学学術出版会）、『「逆向き設計」実践ガイドブック―『理解をもたらすカリキュラム設計』を読む・活かす・共有する』（共編著、日本標準）などがある。

子どもが伸びる学びの指導に活かすポートフォリオ評価

関西学院大学教授・放送大学客員教授
佐藤　真

■ ポートフォリオ評価の基本

　ポートフォリオ（portfolio）とは、「書類綴じ込みケース（flat case for keeping loose papers, documents, drawings, etc.）」を言い、授業で子どもが表した文章や絵、創作物等のあらゆる作品（work）を蓄積し保管することを意味する。これを用いて評価するものが、ポートフォリオ評価である。ポートフォリオ評価は、オーセンティック（真正）な評価として；当該の知識・技能の活用を図るリアルで本質的な課題に対して、人文科学的な記録・レポート・解説文・論文等ばかりではなく、社会科学的なアンケート・参与観察の記録等、自然科学的な観察記録・実験記録・測定記録等、身体科学的なダンス・演劇の映像等、芸術的な絵画・彫刻の画像や演奏の映像等、これらによって実際の運用場面（ステージ）を設定し、具体的な評価として実施するものである。

　ポートフォリオ評価では、ルーブリック（rubric、評価指標）の設定と教師の鑑識眼とも言うべき評価力量（見取り評価の能力）の２つが重要である。ルーブリックは、ポートフォリオ評価によって子どもの学びを評価する際に、学習目標との関係において求められる達成事項の質的な内容を文章表現したものである。一般には、子どもの学習状況を評価する質的な拠りどころである評価規準（criterion）と、その状況を判定するための量的な尺度の拠りどころである評価基準（standard）とが必要である。さらに、子どもの学習の状況度合いを示す数段階の尺度それぞれに見られる学習の質的な特徴を示した記述語や学習作品等があれば分かり易い。

　また、ポートフォリオ評価のような質的な評価には、教師の鑑識眼も重要である。教師の鑑識眼にモデレーション（moderation、評価の調整）がある（この「モデレーション」は、文部科学省『学習指導要領解説　総合的な学習の時間編』にも示されている）。本当に実効性のある評価として機能し、信頼性を有する評価指標とするならば、規準をさらに言葉によって精緻化を図るのではなく、子どもの具体的な記述や実技等を示しながら、規準を活かした教師の指導改善に結びつくような、教師間での協働による子どもの作品を批評する語り合いを繰り返すことが肝要である。これは、教師個々人の見取りのズレを縮小したり、見取りのブレを軽減したりする評価の問題とされる、同一地域・学校での個々の教師による評価の一貫性を確保するためにも有効である。モデレーションによって、共通理解が図れ、言葉の操作のみに陥らない、実効性のあるルーブリッ

クによるポートフォリオ評価が実行できるのである。

■ ポートフォリオ評価における 子どもの学習履歴の評価方法

　今次学習指導要領は「社会に開かれた教育課程」を基本的な理念とし、これまでのコンテンツ（学習内容）重視のカリキュラムから、コンピテンシー（資質・能力）重視のカリキュラムへと転換された。そして、（1）「知識及び技能」、（2）「思考力、判断力、表現力等」、（3）「学びに向かう力、人間性等」という、「資質・能力の三つの柱」も示された。評価として、この「資質・能力の三つの柱」を問うことは、ポートフォリオ評価においても変わりない。

　また、学習理論も行動主義から認知主義へ、そして状況主義へと変遷し、知識の伝達教授型から対話による創出学習型へと学びのあり方も転換した。評価という知のアウトプットは、ペーパーテストのみならず、ポートフォリオ評価をも射程に入れなければならない時代となった。もはや大学入試も、センター入試の時代ではなく、総合選抜型入試もある時代なのである。

　さらに、OECD（経済協力開発機構）のEducation2030プロジェクトの目標は、Well-being（ウェルビーイング）という身体的・精神的・社会的に健やかな幸福とされている。現在は、よりよく豊かに幸せに生きるためのコンピテンシーを育成するための学習方法とカリキュラムが求められている時代である。このコンピテンシーの核は、Knowledge（知識）、Skills（スキル）、Attitudes（態度）とValues（価値）である。

　確かに「資質・能力の三つの柱」では、「知識及び技能」が習得、「思考力、判断力、表現力等」が育成、「学びに向かう力、人間性等」が涵養、とされる。しかしながら、これまでの我が国の評価にお

いて、Knowledge（知識）、Skills（スキル）とともに、Attitudes（態度）とValues（価値）は、どのように評価されてきたであろうか。たとえ、学習指導案に教師の「観察」により「主体的に学習に取り組む態度」を評価すると記されてあったとしても、その具体は如何に示され説明されてきたであろうか。

　当然、ペーパーテストのみに依存した評価では、これらは困難であろう。ポートフォリオ評価では、このLearning Compass2030の核となるコンピテンシーのKnowledge（知識）、Skills（スキル）とともに、Attitudes（態度）とValues（価値）も見取る。それは、単なる知識やスキルの習得以上の、単独ではなく総合的に発揮され多様で複雑な事象や複合的な課題に対応して思考する子どもの姿が、ポートフォリオの作品の中にあるからである。

　具体的には、批判的思考力や創造的思考力、学び方を学ぶことや自己調節を行うこと等という認知スキルとメタ認知スキルの育ちである。加えて、共感や協働性、自己効力感等という社会的スキルや情動性スキルの育ちである。さらに、ICT等の利活用等という実用的かつ身体的スキルである。なぜならば、知識とスキルの活用は、意欲や信頼、多様性や美徳の尊重等というAttitudes（態度）とValues（価値）によって媒介されるので、ポートフォリオに現れるのである。

　このAttitudes（態度）とValues（価値）は、生命や人間の尊厳の尊重、環境の尊重等が個人、地域、社会、世界レベルにもおよぶであろう。そこでは、SDGsのような人類の共通課題に取り組むプロジェクト学習（Project-based Learning）が必要視され、評価から指導へ、指導から学習へ、学習からカリキュラムへと連関し、コンピテンシーを育成するための学習方法とカリキュラムの変質が求められよう。ポートフォリオ評価を活かして欲しい。いま、セルフ・コントロール（自己調節）、多様な人的・物的資源とダイアローグ（建設的な話し合い）、オー

センティック（本物）な学びのための、本質的な評価としてのポートフォリオ評価が求められている。

■ GIGAスクール構想時代の 指導に活かしたい e-ポートフォリオ評価

e-ポートフォリオ（electronic portfolio）とは、ポートフォリオを電子化したもので、タブレットやパソコン等を活用して子どもの作品を蓄積し保管したものである。そして、これを活用した評価であるe-ポートフォリオ評価こそ、GIGA（Global and Innovation Gateway for All）スクール構想時代の評価であろう。

e-ポートフォリオ評価は、子ども自身が自分の手元にあるタブレット等に作品を集積し、かつ、それを振り返ることにより、「自己教育力」「自己学習力」の基盤となる「自己評価能力」を育むものとなる。このe-ポートフォリオで大切なことは、単なる作品の収集にするのではなく、子どもによる学習の改善と向上のための作業とすることである。そのため、教師は一方的な子ども任せとはせずに、子どもに寄り添い、（とりわけwithコロナのために教師や友達と対面できず、自学自習という名の下で孤独な学びを強いられている場合等には、）小学校低学年の子どもはもちろん、全ての子どもに「共感的理解」によって評価を行うことである。したがって、e-ポートフォリオの作成過程は、教師と子どもは互いに「学びの同行者」として積極的に対話（コミュニケーション）を行いながら、e-ポートフォリオを作っていくことが重要である。

教師は、このような子どもと共にe-ポートフォリオに作品を集積しながら対話（コミュニケーション）をする過程で、子どもの学びの状況を観察し、把握し、理解し、解釈し、洞察し、省察することとなり、真に「共感的な評価」を感得し、実践するこ

とができるものである。そのような評価の具体を活かして、子どもの学びを受容し、改善し、促進し、教授し、援助しといった、教師の指導の意味内容を分かるものである。これこそが、子どもを見取れ評価できる教師だけが、指導ができるという「評価と指導の一体化」なのである。

このように、e-ポートフォリオに子どもの作品を集積しながら、これまでのオフラインの授業以上に、多面的・多角的な評価を行っていくことが、現時点でのwithコロナ・postコロナ時代の評価といえるものであろう。

したがって、withコロナ・postコロナ時代であるからといって、教師が一方的に課題を出し、それを黙々と子どもに回答させ、子どもの学びのすべてを習得・習熟一辺倒とした一斉画一的な詰め込みによるオンライン授業での評価に陥ることだけは避けるべきである。できれば、探究学習を中核として真正な学習（Authentic Learning）というような、本物の文脈や状況での学びに、主体的・探究的・問題解決的に取り組むことによって、既習を系統的に生かしつつ子ども一人一人の有する知識や経験を発揮し、より深い意味理解に到達したり学びの価値を実感したりする学びを実施することである。

■ ポートフォリオ評価を 授業づくりに活かす真髄
学びを促進する評価（アプリシエイション評価）を

いま現在はwithコロナ時代でもあり、子どもを学びから遠ざける萎縮型の評価ではなく、子どもをよりよく伸ばそうとする促進型の評価を重視すべきである。受け身的な学びを展開していては、子どもの学び続ける力が萎縮し、子どもは学びから遠ざかる。今こそ、「子どもが攻める学び」「子どもがのめり込む学び」「子どもが夢中になる学び」「子どもが没頭する学び」を展開し、子どものよさや可能性で

ある「活力ある学力」を積極的に評価することが肝要である。

　そのためには、授業過程における評価、また学習過程の中での評価である形成的評価（Formative Assessment）として、学びのプロダクトだけではなく、学びのプロセスを重視することである。そして、「子どもを伸ばそうとする評価（評定ではなく）」として、コミュニケーションを重視したインタラクティブ・アセスメント（対話型評価）を充実させることである。その場合、認知能力とともに非認知能力をも重視し、自己肯定感をもって前を向いて学び続ける「活力ある学力」を評価することである。そして、そこではフィードバックのみならずフィードフォワードも含め、「子どもの真価を認め、励ます」評価である「アプリシエイション（appreciation）評価」をしたい。すなわち、今後は「アプリシエイション評価」で、子どもの真価を認め励まし、自己学習能力の形成につながる「自己評価能力」を育むことが重要である。

　評価は、子どもの学習が促進されるように機能すべきものであろう。（withコロナ・postコロナ時代だからといって、）評価によって、子どもの学習が停滞や低落などしては、教育としての評価の意味はない。子どもが粘り強く継続して探究し学び続け、その学びの過程で自己の探究を自覚的に捉え自己調節をしていくという、自己学習能力の根幹にある「自己評価能力」の形成こそが重要である。ただし、全ての子どもが自然に探究に自覚的になり、自己評価能力が育まれることは難しいであろう。だからこそ、教師だけで見取り評価するだけではなく、保護者や地域の人々等々の学習に参画している全ての人々が、「子どもの真価を認め、励ます」という「アプリシエイション評価」をすることが肝要である。ポートフォリオは、そのためにツールなのであるから。

[参考・引用文献]

• 佐藤真「マルチメディア・ポートフォリオ評価法の開発のための一研究―TTによる総的な学習の指導に基づいて―」『兵庫教育大学研究紀要・第21巻第3分冊』兵庫教育大学、2001年、pp.119-127
• 佐藤真「『子どもの学びの促進』に結びつく教育評価の在り方―学習評価・授業評価・カリキュラム評価の連関性―」文部科学省編『初等教育資料』（8月号）東洋館出版社、2003年、pp.74-77
• 佐藤真「資質・能力の明確化で変わる学習指導、総合的な学習の時間」文部科学省編『初等教育資料』（9月号）東洋館出版社、2006年、pp.2-7.
• 佐藤真「資質・能力をみとる評価活動のあり方」『新教育課程ライブラリ　子どもの姿が見える評価の手法』（Vol.3）ぎょうせい、2016年、pp.22-25
• 佐藤真「第5章　授業改善につなぐ学習評価の在り方」吉冨芳正編「深く学ぶ」子供を育てる学級づくり・授業づくり」（『次代を創る「資質・能力」を育む学校づくり』第2巻）ぎょうせい、2017年、pp.68-84
• 佐藤真「学力の3つの柱と非認知能力の形成をどう考えるか」『学校の評価・自己点検マニュアル』（追録第18号）ぎょうせい、2018年、pp.235-240
• 佐藤真「『見方・考え方』が鍛えられ、子供が変わっていく学び」『学校教育』（3月号）広島大学附属小学校・学校教育研究会、2019年、pp.10-17
• 佐藤真「連続講座・新しい評価がわかる12章　アプリシエイションという新しい評価」『学校教育・実践ライブラリ』（Vol.12）ぎょうせい、2020年、pp.68-69

Profile

さとう・しん　秋田県生。東北大学大学院教育学研究科博士後期課程単位取得退学。兵庫教育大学大学院講師・助教授・教授などを経て、現職。中央教育審議会専門委員、中央教育審議会「児童生徒の学習評価に関するワーキンググループ」委員、文部科学省「学習指導要領等の改善に係る検討に必要な専門的作業等」協力者、文部科学省「教育研究開発企画評価会議」委員、文部科学省「道徳教育に係る学習評価の在り方に関する専門家会議」委員、国立教育政策研究所「総合的な学習の時間における評価方法等の工夫改善に関する調査研究」協力者、独立行政法人大学入試センター「全国大学入学者選抜研究連絡協議会企画委員会」委員などを歴任。

自己評価・相互評価を「個別最適な学び」「協働的な学び」に活かす

早稲田大学教授
根津朋実

■ 自己評価・相互評価を「個別最適な学び」「協働的な学び」にどのように活かしていくか

「個別最適な学び」「協働的な学び」は、いずれも「令和答申」(中央教育審議会、令和3 (2021) 年1月26日付) のキーワードである。同答申に自己評価は3か所あるが、相互評価は見当たらない。自己評価は同答申では幼児教育と高校の組織評価という文脈で使われ、残る1か所も「学習の進め方(学習計画、学習方法、自己評価等)」と、例示扱いだった。同答申は学習評価に関連した自己評価・相互評価について、十分論じてはいない。

試みに整理すれば、自己評価・相互評価と「個別最適な学び」「協働的な学び」とは、評価の方法と学びの型との関係として、**表1**のように示せるだろう。

表1　自己評価・相互評価と「個別最適な学び」「協働的な学び」との関係

		学びの型	
		個別最適な学び	協働的な学び
評価の方法	自己評価	例:自学自習	例:意見交換
	相互評価	例:相互批評	例:発表会

自己評価は「個別最適な学び」だけ、とは限らない。学習者による自己評価をもとに意見交換すれば、協働的な学びへと展開できる。同様に、相互評価は「協働的な学び」だけでもない。たとえば相互批評は、各学習者に還元すれば、次の「個別最適な学び」に活かせる。自己評価にもとづき相互評価し、また自己評価に戻るという、「往復」も想定できる。これは、「個別最適な学び」と「協働的な学び」との「往復」に、よく似た関係である。

■ そうした評価をどのように授業改善に結びつけていくか

北林 (2022) を参考に、近年の教育行政の文書で自己評価・相互評価を確認し、**資料**に示した。資料からここ10年ほど、児童生徒による自己評価・相互評価は、学習活動として考えられてきたといえる。なお自己評価・相互評価は、中央教育審議会の答申や部会の報告にあるが、意外にも、学習指導要領の本体には記載がない(資料は参考として、自己・相互を数えた結果を示す)。ただし両者とも、学習指導要領の解説には登場する。

資料の下線部の通り、自己評価の結果は、教師による評価の一部をなすだけではない。児童生徒の動機づけや学習意欲の向上、学習上や生活上の困難の改善や克服、および他の評価への活用も想定され

る。自己評価・相互評価の結果は、児童生徒の学習状況を反映する。ここに、授業改善のヒントがある。自己評価・相互評価を含め、評価の結果が思わしくない場合、児童生徒の努力不足や理解不足によるとは限らない。十分教えられなかった場合や、「できなくなるように教えてしまった」可能性すらありうる（根津2019）。

また**資料**を参考に、評価する人と評価の対象との関係について、**表2**に整理してみた。

表2　評価する人と評価の対象との関係

		評価の対象	
		他者	自己
評価する人	教師	例：成績評価	？？？
	児童生徒	例：相互評価	例：自己評価

表2で教師が評価する場合、児童生徒を他者とすれば学習評価の一種であり、「成績評価」が例となる（本題ではないが、表2「？？？」は、教師が自己を評価する場合である。教師が自らを振り返るとすれば、ある種の研修は自己評価の場かもしれない）。児童生徒が評価する際、他の児童生徒を評価すれば、「相互評価」という学習活動となる。評価の対象が教師や授業となる場合もありうるし、児童生徒自身に向かえば「自己評価」となろう。

学習の自己調整力に関して自らが学ぶことに向かう自己評価・相互評価のあり方・取組み方

少々長いが、執筆依頼時の見出し案をそのまま示してみた。ここまで簡単に、自己評価・相互評価のあり方・取組み方にふれてきた。ここへさらに、「学習の自己調整力に関して自らが学ぶことに向かう」という文言を追加してみる。この文言は、児童生徒による自己評価・相互評価が学習活動として考えられてきた、ここ10年ほどの状況を反映する。

語「自己調整力」に関し、心理学の用例は、実は少ない。公開データベースCiNiiによれば、検索語「心理学　自己調整力」で該当5件以下、検索語「認知科学　自己調整力」に至っては皆無だった（2022.12.23）。「自己調整力」はおそらく、専門用語「自己調整学習」（self-regulated learning）や関連概念から案出された、教育関係に独特な語だろう。学校教育や児童生徒の学習活動で用いる際は、出典やもとの文脈を確認したほうがよい。

賛否はともかく、キーワードは「自己」「自ら」や「自己調整力」である。そこで**資料**中、自己評価以外の「自己」「自ら」を、 四角囲み として示した（ただし学習指導要領の本文は、先述の通り自己評価も相互評価も記載がないため、この手続きから除外した）。

資料の 四角囲み をみると、「自ら」は、思考の過程等を客観的に捉える力（いわゆるメタ認知）、および学習状況の振り返りや見通し、といった文脈で、主に用いられる。また語「自己」は主に、感情や行動を統制する能力や、学習に関する自己調整にかかわるスキルと結びつく。近年の報告（2019.1）の表現を用いれば、「自己」「自ら」はいずれも、「主体的に学習に取り組む態度」との関連が深い。

安彦（2021：84-85）によれば、自己評価によって自己概念は形成されるため、「前向きな自己評価」の習慣化と「第三者のチェック」とを要する。この見解を筆者（根津）なりに理解すれば、前者は「自分への無限ダメ出し」ではいたたまれないし、後者は逆に独善を回避するための策だろう。ここに筆者は、「自己記録」「相互記録」を追加したい。自己評価・相互評価に限らず、記録やデータを参照しない評価は、信頼できるか怪しい。かといって、評価で用いる記録やデータは勝手に集まってくれないので、意識的に作成・収集しなければならない。データというと、狭義の量的・数値データを想起するかもしれないが、児童生徒による学習のメモ

や日記も、質的データとして意義がある。

　授業に代表される学習活動の記録は、以前から関心が寄せられてきた。現在はICT機器の改良や小型化、低価格化により、容易に授業や学習のログ（記録）を入手できる。スマートフォンの普及も著しい。教師だけでなく、児童生徒も校内外で日常的に自らの学習をICT機器で記録し、管理できる状況に

ある。ただしデジタルデータは、漏えいや改ざん・消失など、各種のリスクをともなう。さらに、「できる」ことと「やってよい」こと、および「やったほうがいい」こととは、別々の話である。自己評価や相互評価もまた、何を記録するか、記録を誰がどう使って評価するか・しないか、関係者による判断が一層求められるだろう。

資料　自己（評価）・相互評価について

2019.1　中央教育審議会『児童生徒の学習評価の在り方について（報告)』	
３．学習評価の基本的な枠組みと改善の方向性 （２）観点別学習状況の評価の改善について・④「主体的に学習に取り組む態度」の評価について ア）「学びに向かう力、人間性等」との関係 　したがって、「主体的に学習に取り組む態度」の評価とそれに基づく学習や指導の改善を考える際には、生涯にわたり学習する基盤を培う視点をもつことが重要である。このことに関して、心理学や教育学等の学問的な発展に伴って、自己の感情や行動を統制する能力、自らの思考の過程等を客観的に捉える力（いわゆるメタ認知）など、学習に関する自己調整にかかわるスキルなどが重視されていることにも留意する必要がある。 イ）「主体的に学習に取り組む態度」の評価の基本的な考え方 　ここで評価の対象とする学習の調整に関する態度は必ずしも、その学習の調整が「適切に行われているか」を判断するものではなく、それが各教科等における知識及び技能の習得や、思考力、判断力、表現力等の育成に結び付いていない場合には、それらの資質・能力の育成に向けて児童生徒が適切に学習を調整することができるよう、その実態に応じて教師が学習の進め方を適切に指導するなどの対応が求められる。その際、前述したような学習に関する自己調整にかかわるスキルなど、心理学や教育学等における学問的知見を活用することも有効である。	ウ）「主体的に学習に取り組む態度」の評価の方法 　「主体的に学習に取り組む態度」の具体的な評価の方法としては、ノートやレポート等における記述、授業中の発言、教師による行動観察や、児童生徒による自己評価や相互評価等の状況を教師が評価を行う際に考慮する材料の一つとして用いることなどが考えられる。 （３）評価の方針等の児童生徒との共有について 　これまで、評価規準や評価方法等の評価の方針等について、必ずしも教師が十分に児童生徒等に伝えていない場合があることが指摘されている。しかしながら、どのような方針によって評価を行うのかを事前に示し、共有しておくことは、評価の妥当性・信頼性を高めるとともに、児童生徒に各教科等において身に付けるべき資質・能力の具体的なイメージをもたせる観点からも不可欠であるとともに児童生徒に自らの学習の見通しをもたせ自己の学習の調整を図るきっかけとなることも期待される。また、児童生徒に評価の結果をフィードバックする際にも、どのような方針によって評価したのかを改めて共有することも重要である。 　その際、児童生徒の発達の段階にも留意した上で、児童生徒用に学習の見通しとして学習の計画や評価の方針を事前に示すことが考えられる。特に小学校低学年の児童に対しては、学習の「めあて」などのわかり易い言葉で伝えたりするなどの工夫が求められる。
2017.7　文部科学省『小学校学習指導要領解説　総則編』	
・学習評価は、学校における教育活動に関し、児童の学習状況を評価するものである。「児童にどういった力が身に付いたか」という学習の成果を的確に捉え、教師が指導の改善を図るとともに、児童自身が自らの学習を振り返って次の学習に向かうことができるようにするためにも、学習評価の在り方は重要であり、教育課程や学習・指導方法の改善と一貫性のある取組を進めることが	求められる。 ・また、教師による評価とともに、児童による学習活動としての相互評価や自己評価などを工夫することも大切である。相互評価や自己評価は、児童自身の学習意欲の向上にもつながることから重視する必要がある。
2017.3　学習指導要領　告示（一部は2018年） ＊自己評価、相互評価は確認できず。	
（参考）小学校学習指導要領の場合 　　　　自己：50か所（うち体育26、特別活動12など）、相互：32か所（うち社会9、総則5など）	

2016.12　中央教育審議会『幼稚園、小学校、中学校、高等学校及び特別支援学校の学習指導要領等の改善及び必要な方策等について（答申）』	
第1部　学習指導要領等改訂の基本的な方向性・第9章 何が身に付いたか －学習評価の充実－ . 3.評価に当たっての留意点等 　また、子供一人一人が、自らの学習状況やキャリア形成を見通したり、振り返ったりできるようにすることが重要である。そのため、子供たちが自己評価を行うことを、教科等の特質に応じて学習活動の一つとして位置付けることが適当である。例えば、特別活動（学級活動・ホームルーム活動）を中核としつつ、「キャリア・パスポート（仮称）」などを活用して、子供たちが自己評価を行うことを位置付けることなどが考えられる。その際、教員が対話的に関わることで、自己評価に関する学習活動を深めていくことが重要である。 第2部　各学校段階、各教科等における改訂の具体的な方向性・第1章　各学校段階の教育課程の基本的な枠組みと、学校段階間の接続 ４．高等学校、（キャリア形成を見通し振り返る自己評価の充実） 　具体的には、第1部第8章で述べた「キャリア・パスポート（仮称）」などを活用して、生徒一人一人が、自らの学習状況やキャリア形成を見通したり、振り返ったりすることができるようにすることが重要である。こうした自己評価に関する学習活動に、教員が対話的に関わり、目標を修正するなどの改善に生かしていくことや、	複数の教員が関わり、一人の生徒を多面的に見てその生徒の個性を伸ばす指導へとつなげていくことなども期待される。 5．特別支援学校・（2）具体的な改善事項 ③自立活動 　自立活動における多様な評価方法について分かりやすく記述することが必要である。その際、子供たち自らが、自立活動を通して、学習上又は生活上の困難をどのように改善・克服できたか自己評価する方法を工夫することなども重要である。 第2章　各教科・科目等の内容の見直し・5.高等学校における数学・理科にわたる探究的な科目・（2）新科目の概要、③新科目の評価の在り方について 　また、「探究ノート」等を通じて生徒の独創的な思考や探究の過程における態度を評価するほか、報告書や発表の内容、発表会における生徒による相互評価や自己評価を取り入れるなど、多様な評価方法を用いるとともに、複数の教員による複合的な視点で評価することが必要である。
2010.3　教育課程部会『児童生徒の学習評価の在り方について（報告)』	
・学習評価は、学校における教育活動に関し、子どもたちの学習状況を評価するものである。 ・学習指導要領は、各学校において編成される教育課程の基準として、すべての児童生徒に対して指導すべき内容を示したものであり、指導の面から全国的な教育水準の維持向上を保障するものであるのに対し、学習評価は、児童生徒の学習状況を検証し、結果の面から教育水準の維持向上を保障する機能を有するものと言える。 ・児童生徒にとって、学習評価は、自らの学習状況に気付き、その	後の学習や発達・成長が促される契機となるべきものである。 ・なお、児童生徒が行う自己評価や相互評価は、児童生徒の学習活動であり、教師が行う評価活動ではないが、児童生徒が自身のよい点や可能性について気付くことを通じ、主体的に学ぶ意欲を高めること等学習の在り方を改善していくことに役立つことから、積極的に取り組んでいくことも重要である。また、児童生徒の自己評価を学校評価においても反映し、学校運営の改善につなげていくことも考えられる。

北林（2022）、文部科学省ホームページを参照し、根津作成。改編や強調、四角囲みや下線は根津による。

[参考文献]
- 安彦忠彦著『自己評価のすすめ ―「自立」に向けた「自信」を育てる』図書文化社、2021年
- 北林雅洋（2022）「教育評価と学習評価の関係 ―子どもの意見表明権をふまえて－」『教育目標・評価学会第33回大会要旨集録』pp.26-27、および当日配布資料（2022年12月4日、於 神戸大学）
- 根津朋実（2019）「カリキュラム・マネジメントの理解」吉田武男監修・根津朋実編著『教育課程』ミネルヴァ書房、2019年、pp.95-108

Profile

ねつ・ともみ　1969年新潟県生まれ。2001年筑波大学大学院博士課程教育学研究科単位取得満期退学。博士（教育学）。2002年から埼玉大学講師、2004年から筑波大学講師・准教授・教授を経て、2020年4月から現職。中央教育審議会初等中等教育分科会において、教育課程部会・教員養成部会の委員を務める。日本カリキュラム学会常任理事、日本特別活動学会理事、関東教育学会理事・事務局長兼会計。単著『カリキュラム評価の方法』、共著『カリキュラムの理論と実践』、編著『教育課程』、共編著『カリキュラム評価入門』『教育内容・方法　改訂版』など。

次代に求められる資質・能力の育成と学習評価
ラーニング・コンパス2030から考える

教育評価総合研究所代表理事
鈴木秀幸

PISA調査からラーニング・コンパス2030へ

　21世紀の教育の特徴の１つは、学力の国際比較調査の結果が、各国の教育政策に大きな影響を与えるようになってきたことである。1995年に始まったIEA（International Association for Evaluation of Educational Achievement）によるTIMSS（Trends in International Mathematics and Science Study）、2000年からは、OECDによるPISA（Programme for International Student Assessment）調査が始まった。

　学力の国際比較調査は、各国のカリキュラムが異なるために、簡単ではない。OECDのPISA調査は、国ごとのカリキュラムの違いを乗り越えるために、リテラシー（literacy）という新しい学力の概念を打ち出した。PISA調査でのリテラシーとは、個人や社会が直面する課題を解決するために必要な能力とされた。このリテラシーは各国のカリキュラムとは直接関係ないものとして、比較調査をできるようにしたのである。

　いうまでもなく、もともとリテラシーは読み書きの能力という意味で用いられていたが、これをさらに拡張して用いたのである。調査対象の読解力はと

もかく、数学的リテラシーや科学的リテラシーは従来のリテラシーの意味を超えるものである。調査の方法としては、ペーパーテスト（最近ではコンピューター画面上での出題と解答も併用）を用いている。非常に工夫された問題を用いていることは確かであるが、リテラシーのいう現実の課題や問題に対処する能力というものを、ペーパーテストで評価できるのかという疑問は残っている。

　PISA調査は前に述べた通り、各国のカリキュラムの違いを前提にして考えられたものであり、それぞれの国のカリキュラムがどうあるべきかを示すものではなかった。しかし現実には、評価対象となったリテラシーの達成程度について、各国の順位を示した結果、参加国は順位を上げるために、その教育政策をリテラシーの育成に向けたことは確かである。わが国も同様で、PISAの順位が話題となり、PISA型能力の育成が必要だと言われるようになった。

　PISA調査が評価を通じて間接的に各国のカリキュラムや教育政策に影響したのに対して、ラーニング・コンパス2030（Learning Compass2030／以下、コンパスとして言及する）は直接に各国のカリキュラムや教育政策に影響する目的を持ったものと考えられる。ラーニング・コンパスに関する説明文書では、これが「カリキュラムの枠組み」でもなく、「評価の枠組み」でもなく、あくまで「学習

の枠組み」であり、生徒が2030年に活躍するために必要なコンピテンシーの種類に関するビジョンを示すものと言っている[1]。しかし、示されたコンピテンシーの育成が必要であると言っているわけであるから、これを育成するカリキュラムや評価のあり方についての指針を示すものと考えられるのである。

コンピテンシーとエイジェンシー

コンパスでは、個人や社会のよき状態（ウェルビーイング）を実現するためには、生徒がコンパスに示されたコンピテンシーとエイジェンシーを持つことが必要であると言っている。この2つがコンパスの柱と言える。

コンピテンシーは、イギリスの教育界で1990年代にしばしば用いられるようになった言葉である。主として、いわゆる実技教科や職業教育の中で、作品や製作物を実際に作り出す能力という意味で用いられていた。そこからさらに意味が拡張されて、自分の持っている能力を実際の活動に用いる能力という意味を持つようになったのである。認知的な能力だけでなく、動機や情意的な面を含んだものと考えられていた。一言で言えば実践力である。コンパスではこのコンピテンシーを自らの知識、スキル、態度及び価値を、責任を持って、首尾一貫して使える能力としている[2]。このため、コンパスでのコンピテンシーは、イギリスで考えられていたコンピテンシーを受け継いでいるが、より包括的な概念としている。

ここで注意すべきは、イギリスでコンピテンシーが用いられるようになった頃から、評価の考え方が変わってきたことである。つまりペーパーテストでは評価できないものをコンピテンシーは含んでいる

ため、コンピテンシーを評価するにはペーパーテストだけでは不十分であると考えられるようになった。そこで求められる能力を実際に用いる課題を設定して評価すべきであるとするパフォーマンス評価が登場した。リテラシーの場合には、問題に工夫が凝らされているとはいえ、ペーパーテストを用いていたのであるが、実践力の意味を持ち、知識やスキル等を、責任を持って、首尾一貫して用いることを意味するコンピテンシーとなると、ペーパーテストでは妥当性のある評価は困難であると考えるべきである。リテラシーでもペーパーテストだけでは十分に評価できるかという疑問があったが、コンピテンシーとなればペーパーテストに対する疑問はさらに深まらざるを得ないのである。

コンパスのもう1つの柱であるエイジェンシーは、OECDのポジション・ペーパーによれば「エイジェンシーは、社会参画を通じて人々や物事、環境がより良いものとなるように影響を与えるという責任感を持っていることを含意する」[3]となっている。

このエイジェンシーも「物事や環境がより良いものとなるように」影響を与えることを目指すという点では、コンピテンシーと同じく実践を重視していると考えられる。

結局、リテラシーにせよ、コンピテンシーにせよ、またエイジェンシーも、現実の場面に応用したり、実現したりすることを重視したり、目標としている点では共通しているのである。

評価からどう考えるか
──GCSE試験の例

このようなOECDの示す教育の目標を実現するには、これに沿った各国のカリキュラムが編成されることを必要とする。同時に評価のあり方もこれに沿ったものとなる必要がある。ここでは特に評価の

面から考えてみたい。そのように言うのは、評価の
あり方が学校での学習指導のあり方に影響するから
である。評価が学習指導に影響することをバック
ウォッシュ（backwash）効果という。このバック
ウォッシュ効果を比喩的に言えば、「犬（カリキュ
ラム）が尻尾（評価）を振る」のではなく、「尻尾
が犬を振る」と言ってもよいくらいである。コンパ
スの指針に沿ったカリキュラムを作成しても、評価
がコンパスの指針に沿ったり、カリキュラムの編成
指針に沿ったものであったりしなければ、目指した
目標の実現はおぼつかないのである。

　先に述べたように、イギリスでコンピテンシーが
議論になった頃にパフォーマンス評価が登場した。
ペーパーテストだけでは、実践力の意味を持つコン
ピテンシーを評価するには不十分だからである。実
技教科では文字通り実技（パフォーマンス）を評価
するものであり、取り立ててわざわざパフォーマン
ス評価とは言わなかった。これが実技教科以外の普
通教科でも用いられるようになると、あらためてパ
フォーマンス評価と言われるようになったのである。

　実技教科以外でもパフォーマンス評価を導入し、
ペーパーテストでは評価できない実践的な能力を評
価しようとしたのが、1988年から始まったイギリ
スのGCSE（General Certificate of Secondary
Education）試験である。GCSE試験は生徒の将来
に大きく影響する試験に、パフォーマンス評価を導
入した点で画期的なものであった。この試験は16
歳の義務教育終了段階の生徒が受ける資格試験であ
り、その成績によって一定の資格を付与される。得
られた資格によって高等教育コースへ行くか、職業
教育コースへ向かうかが決定されるのである。この
重要な資格試験にパフォーマンス評価を導入したの
である。

　具体的には、ペーパー試験が70 ～ 75％の配点、
コースワーク（course work）と言われるパフォー
マンス評価が25 ～ 30％の配点であった（科目や時
期によって多少配分が異なる）。コースワークと言
われるパフォーマンス評価部分は、理科であれば実
際に実験や観察活動をした結果をまとめたレポー
ト、地理では実際にフィールドワークをして、その
結果をまとめたレポートが評価されて点数化され、
外国語では実際に会話する様子が評価され点数化さ
れた。これらの評価をするのは各学校の教師であ
る。最終的な資格は、ペーパーテストとコースワー
クの点数の合計で決定されたのである。

　このコースワークは、PISA調査のリテラシーや
コンパスの求める、実際の課題に取り組む能力に近
いものを評価するものであった。それもいわゆるハ
イ・ステイクスな評価、つまり生徒の将来や学校の
評価を左右するため、世間一般の注目を受ける評価
に用いたものであった。ハイ・ステイクスな評価は、
先に述べたバックウォッシュ効果の中でも、最も強
い影響を学校での学習活動に与えるものである。

　残念ながらこのコースワークは、実施に時間のか
かること、各学校の教師が評価（採点）するのでそ
の評価の信頼性（専門的には評価者間信頼性と評価
者内信頼性）についての疑義、従来通りのペーパー
テストこそ公平な評価であるという批判などによ
り、現在は部分的にしか行われていない。

わが国ではどうすべきか

　わが国で、コンパスに示された能力や態度、価値
意識を持った生徒を育成するには、これに沿ったカ
リキュラムの作成と同時に、やはり評価のあり方を
再考する必要がある。特にハイ・ステイクスな評価
にあたる大学入試や高校入試のあり方を再考する必
要がある。

　これは私自身が高校教諭であった頃のことであ
る。1979年に現在の大学入学共通テストの前身に

次代に求められる資質・能力の育成と学習評価

あたる共通一次試験が始まった。問題形式はこの時以来、多肢選択式である。この共通一次試験の間は、各高校で行われる定期テストで、短答式や記述式の問題も出題されていた。また、定期試験以外に、調査レポートを課して評価し、成績に入れていた。しかし、1990年に国公立大学対象の共通一次試験から、私立大学も参加するセンター試験に代わると、状況が変わり始めたのである。参加大学が増えたこと、一部の私立大学はセンター試験のみで合格者を決めるなど、センター試験が入学者選抜に与える影響力が増大したのである。さらに、いわゆる受験産業が各高校の自己採点結果を集め、これらをもとに各高校の科目別平均点、合計得点の平均や分布などを自己採点に参加した高校に示すようになった。その結果、他校と自校の結果の優劣が一目瞭然となり、結果の良くなかった学校や科目の担当教師は苦い思いを味わうようになった。私自身、結果が良ければホッとし、悪かった場合はいたたまれない思いを味わった。

これに加えて、センター試験以前に実施されるいわゆる模擬テストでも、センター試験以上に各高校の合計点の平均や科目別の平均点などが正確に示された。その結果、模擬試験の成績が出るたびに、教師は一喜一憂するようになったのである。

このようになると、とにかくセンター試験の成績が上がるように、多肢選択式の問題で生徒が良い点をとるように教師は指導せざるを得なくなった。定期テストから記述式が消え、私もレポートを課せなくなった。この状況は大学入学共通テストになった現在でも、基本的には変わらないのである。

このような状況で、コンパスの意図に合うような教育が実現するためには、どのような方法があるかを考えなければならない。

方法として考えられるのは、総合選抜型入試を利用する方法である。令和3年度、入学者のうち国立大学の5.5％、公立大学の3.8％、私立大学の

14.7％がこの方法で入学している[4]。この方法では、各大学が面接、小論文、テストなど多様な方法で選抜をしているが、ここにポートフォリオ評価を導入することである。このポートフォリオに、「総合的な探究の時間」や「理数探究」の時間に生徒が作成したレポート等の作品を数点入れて、各大学が選抜の重要な資料とすることである。もちろんこれ以外の科目等の作品でもよい。できるだけ多くの大学がこの方法を用いれば、高校の教師は入試のあり方が変わったと認識するようになり、コンパスが求める能力の指導を真剣に行うことになるであろう。

[注]
1 「OECDラーニング・コンパス2030」『新教育ライブラリPremier II』Vol.1、ぎょうせい、2021年、p.123
2 同上、p.124
3 同上、p.124
4 文部科学省「令和3年度国公私立大学・短期大学入学者選抜実施状況の概要」

Profile

すずき・ひでゆき　一般社団法人教育評価総合研究所代表理事。2000年教育課程審議会「指導要録検討のためのワーキンググループ」専門調査員、2009年中教審教育課程部会「児童生徒の学習評価の在り方に関するワーキンググループ」専門委員、2018年中教審教育課程部会「児童生徒の学習評価の在り方に関するワーキンググループ」専門委員等を歴任。主な著作に『スタンダード準拠評価』（図書文化社）、『新指導要録と「資質・能力」を育む評価』（共著、ぎょうせい）『新しい評価を求めて』（翻訳、論創社）など。

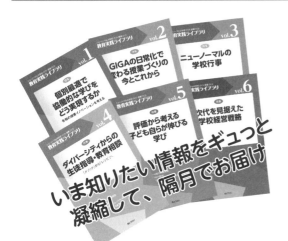

実践×研鑽×癒しを1冊で叶える多彩な連載

連載ラインナップ

▶ ニューノーマル時代の教育とスクールリーダー

● **異見・先見 日本の教育**〈各界著名人によるリレー提言〉
　*教育は、どこに向かうべきか。識者による骨太の論説で学校経営のヒントを提供。

● **直言 SDGs×学校経営～ニューノーマル時代のビジョンと実践～**／住田昌治（学校法人湘南学園学園長）
　*学校の日常をSDGs の視点から見直し、これからの学校経営の進め方を提言。

● **ニューノーマルの校内研修**／村川雅弘（甲南女子大学教授）

● **誌上ワークショップ！ 目からウロコの働き方改革**／〈リレー連載〉澤田真由美（先生の幸せ研究所代表）ほか

▶ 次代に向けた授業イノベーション、今日からの第一歩

● **"普通にいい授業"を創る**／奈須正裕（上智大学教授）
　*資質・能力ベイスの授業づくりをこれからのスタンダードにする知恵とワザを伝授。

● **学びの共同・授業の共創**／佐藤雅彰（学びの共同体研究会）
　*誰一人取り残さない協同的な授業と教師の学び合いについて、実践例をもとに考える。

● **未来を切り拓く総合的学習**〈各地の学校の取組み紹介〉
　*先行き不透明な時代に一筋の光となる「総合」の学びを探る。

● **子どもが創る授業Ⅲ**／西留安雄（授業改善アドバイザー）×授業実践者

● **生徒指導の新潮流**／伊藤秀樹（東京学芸大学准教授）
　*12年ぶりに「生徒指導提要」が改訂。注目の新視点や手法は？

● **実践先進校レポート**〈各地の学校の授業ルポ〉

▶ とことん現場目線　教師のホンネ・学校の日常に迫る

● **教師生活が楽しくラクになる 魔法の作戦本部**／諸富祥彦（明治大学教授）
　*がんばりすぎて消耗している先生方に送るポジティブヒント。

● **玉置崇の 教育放談**／玉置 崇（岐阜聖徳学園大学教授）

▶ 学校現場発！　校長の流儀 ＋ 若手教師の叫び

● **校長のお部屋拝見**〈校長によるリレーエッセイ〉

● **聞いて！ 我ら「ゆとり世代」の主張**〈20・30 代教師によるリレーエッセイ〉

▶ 視点がひろがる、学びが得られる、心癒される —— とっておきアラカルト

● **"ふるさと"と私**〈各界著名人によるリレーエッセイ〉

● **「こころ」を詠む**／髙柳克弘（俳人）

● **「教育漫才」笑劇場**／田畑栄一（埼玉県越谷市立新方小学校長）

カラーグラビア

◆ **インタビュー・子どもを変える神コーチ**
　*様々な分野の「教える」達人を訪ね、子どもの生き方、心に変化を起こす極意に迫る。

◆ **時空に遊ぶ～曼荼羅のいざない～**／フミ スギタニ（ペン画作家）

◆ **一街一夜物語**／中村勇太（夜景写真家）

◆ **わが校自慢のゆるキャラ紹介**

*特集タイトルは変更になる場合があります。

■読者限定WEBスペシャル・コンテンツ

✓ Vol.○のイチ押し——ここ読んで!

✓ 実践者からのメッセージ

✓ 学校だより・学級だよりにつかえる「今日は何の日?」

✓ 学級だよりに役立つカウンセリング・テクニック

✓ 直近 教育ニュース・アーカイブ　　ほか

*各巻掲載のQR・URLからアクセスしていただけます。巻ごとに異なる内容です。

●お問い合わせ・お申し込み先
㈱ぎょうせい
〒136-8575 東京都江東区新木場1-18-11
TEL：0120-953-431／FAX：0120-953-495
URL：https://shop.gyosei.jp

主権者教育で、社会を変える人材を作る

諦める日本の若者

「校則を変えようとしたんです。そしたら、校則改訂の規定がないのに、校長先生が突如条件を言ったんです。面倒だから、変えたくないのかなと思いました」「ブラック校則を変えたら、内申点が下がるのではないかと不安で声をあげられません」「生徒会は、先生の意向を汲み取れる子がなっています」

これは、高校生の子どもたちから実際に私が聞いた話だ。私は、社会にどう参画するか教える主権者教育を専門にしており、全国の学校に出張授業に行き、主権者教育、SDGs、平和学習などの授業をお笑いを通して伝えている。今まで7万人以上の子どもたちに出張授業を行ってきた。昨年は、群馬県と一緒に全国初、官民連携し、大規模な主権者教育を行った。県内全ての高校を目指し、主権者教育を行ったところ、18歳の投票率は8％あがった。

全国を駆け巡る中で、子どもたちの学校の理不尽さ、保守的で新しいことを許してもらえず息苦しい様子をこの目で見て、たくさんの相談を日々受けて、大人として申し訳ないといつも思っている。1月1日に「朝まで生テレビ」に出演した際に、「日本を建て直すには、何が必要か」と聞かれ、私はこう答えた。「社会に対して、諦めをもつ若者が多い。年功序列で惰性でつづくような古い慣習などがたくさん残っている。だから、社会を変えられると思い行動する、イノベーションをおこす人材を作るために、主権者教育を拡充することが必要だ」。

企業に対しても、政治に対しても、変えられないと思っては、イノベーションは生まれない。少子化や経済衰退などが目に見える形で現れている今、日本には変革が求められていると私は思う。そして、その鍵は、主権者教育だ。

主権者教育を行うことにより、「社会には多様な考え方があることを知り、異なる考えの人と合意形成をとること」ができるようになり、「自分も社会の一員なんだ」と思うことにより、自己肯定感もあがり、「自分は社会を変えることができる」と思い、社会に対してのルールを考えたり、社会参画を自らできるようになる。

日本での主権者教育は、投票率向上教育のみだと誤解されている。もちろん、社会参画の一つの方法に投票があり、選挙に行くことは大切であるが、社会参画の方法は選挙だけではない。その投票率でさえ、改善されていない。日本では、主権者教育の実施率は9割を超えているが、実際に選挙に行く10代は3割程度だ（令和4年参院選）。授業を受けた子どもたちの多くは棄権しているのだ。

実は、主権者教育を行う団体の多くは資金難により、撤退をしてしまい、全国規模で、株式会社で主権者教育を行う会社は、私たち笑下村塾1社だけになってしまった。私は危機感を抱いて、主権者教育を熱心に行う国、イギリス、フランス、ドイツ、スウェーデンへ昨年取材に行った。

社会を変える海外の子どもたち

日本の若者は、社会を変えられないと思っている。実際、日本財団の調査では、「自分の行動で、国や社会を変えられると思う」と答えた日本の18歳の割合は、わずか26％だった。他の先進国と比べても、日本はダントツで低い数字となっている。

若者の投票率が8割を超えるスウェーデンに行き、中学生や、高校生、大学生とたくさん対話を重ねた。「日本の若者の投票率は3割?!　信じられない！そんなの民主主義じゃないよ」。本当に毎度、ス

たかまつなな

時事YouTuber・株式会社笑下村塾代表取締役

ウェーデンの若者から驚かれた。スウェーデンの小学校の授業では、どの政党がどんな主張をそもそもしているか、保守とリベラルでマッピングして可視化したり、日本の政治の授業とは全然違った。

そして、若者の声が届く環境、若者の声が実際に届き学校や社会が変わっていくところに驚いた。中学校で取材した時に聞いた話だ。「小さい頃から意見を聞いてもらえたから、自分の意見は大事だと思える」「給食の食品ロスを減らしてほしいと学校側に訴えて、改善されたんです。自分の意見を伝え、変化した経験があるから、選挙で投票し、社会を変えられると思います」。給食のルールやトイレの使い方を子どもたちで話し、それを校長と交渉するなど、小さな成功体験を積み重ねているのだ。

ドイツのベルリンでは、学校会議という制度があった。学校会議では、校長、教師、保護者代表、専門家に加えて、生徒代表も参加する。そこでは、学校の時間割などあらゆるルールについて決めており、中には校長先生の選任まで行っていた。子どもたちも対等に会議に参加し、投票する決定権まで委ねられているのだ。私は担当者に取材し、「お調子者などが選ばれたり、ポピュリズムになったら、どうなるんですか?」と聞いた。「それは、ポピュリズムを学べるいい機会ではないか。それに子どもたちはバカではない。最初はそういう子が選ばれたとしても、1年間何もやってくれなかったらそういう子は選ばれなくなる」というのだ。

このように、圧倒的に子どもを信頼していることに驚いた。小さい頃から、自分たちで決めることを大人が尊重している様子に感動した。日本では、子どもは、「何かあった時のために、子どもは守るべきもの」とされ、自分で決めたり、話したりする機会を大人たちが奪い、強制的に管理しようとしていると思う。そうではなく、失敗も成長の糧に必要と

見守る大人たちの姿、信頼関係によって民主主義を子どもたちが学ぶ場があるのだと知った。

自分たちの代表者に思いを託す。そして代表者が実際に自分たちの学校社会を変えてくれる。そのことにより、代表者に思いを託す感覚も身についていると思った。政治家はわれわれ国民の代表者である。そんなことは、頭では分かっている。しかし、私は感覚知としてはそれが全くない。だから、日本では、政治家に対して、「金に汚い! 権力にまみれている!」と毛嫌いしたり、「政治家だから、なんでも変えてくれるでしょ! なぜできないの?」と過度に期待したりしているのではないか。ちょうどよい関係性や距離感というものが、あまりないと思う。

だからといって、政治家のことをただ信じるだけではない。スウェーデンの高校生たちは、政治家のことを自分たちの代表者であり、信頼しながらも疑うということもしていた。

「政治家は嘘をつくし、情報を自分が伝えたいようにねじ曲げる」と話すスウェーデンの高校生たち。「情報は、誰がどんな目的で言ってるのかを見極め、一次情報を探せばいい」と言う。授業で、批判的に資料を読み解く方法を学習していた。スウェーデンの民主主義は、批判的思考により支えられているのだ。

どうしたら、そんな主体的な子どもたちが育つのか? 文化が違うから日本では無理なのか。私はそれは教育で改善することはできると思う。例えば、イギリスの主権者教育の授業で、先生が「社会を変えるためには、どんな方法があると思う?」と聞き、「デモに参加すること」「選挙に行くこと」「メディアに投書すること」「政治家に会いに行くこと」「署名すること」などと伝えていた。そして、「皆も給食に不満があるなら、署名すればいいよ」と言っていたのだ。ブラック校則があっても、目をつむる

日本の教育とは大違いだ。

　他にも小学校の教材では、「学校にはどんなルールがあれば、みんなが快適に過ごせるか考えてみよう」というようなワークがあった。あなたは、思いつきますか？　あなたの職場でどんなルールがあれば、よいか。きっとすぐには思いつかないと思う。このようにルールは守るべき絶対的なものではなく、私たちが生きやすいようにするために、考え変えていくものだという教育をしているのだ。

変えたい気持ちを後押しする

　では、日本の子どもたちには変えたいことがないのか。私はそれは違うと思う。日本の子どもたちにも変えたいことはたくさんあると感じる。私たちは、群馬県の選挙管理委員会と一緒に大規模な出張授業を行っている。群馬県は、少子高齢化などによる地域衰退の危機から、群馬を変えるイノベーションを起こす人材を作るため「始動人」の育成に力を入れている。何か事を始動する人材を作るということだ。

　そこで、私たちは授業の中で、「社会を変える宣言」というものを盛り込んだ。海外での主権者教育を参考にし、宣言をする前に、署名をする、政治家に会う、選挙に行く、メディアと連携する、SNSに投稿する、デモに参加するなど社会を変える具体的な方法と、10代で社会を変えてきた事例を紹介する。すると、子どもたちから、「ブラック校則を変えるために署名を集めたい」「自転車事故が多く危ないから、政治家に会って道路の舗装をお願いしたい」「地域をよくするために政治家になりたい」など様々な声があがる。社会を変える方法を伝えるだけで、子どもたちの中から社会を変えたいという気持ちに火をつけることができる。

　だが、社会を変える場がない。学校で校則を変えようと思っても、取り合ってもらえなかったという相談をよく受ける。なので、若者議会を作り、子どもたちが話し合い、自分たちのリアルな課題を解決するためにどうしたらいいか案をだし、実現するために動く場を作りたいと私は考えている。フランスのクレテイユ市の青少年議会では、子どもたちの議会が市長に提案し、スケボーパークを作ろうとしていた。子どもたちの声はなかなか行政に届きにくく見落としがちなのを、やる気のある首長や自治体と連携し、若者議会を全国に設置していきたい。

　私たちは、授業で集めた1万人の群馬の高校生たちの声を届けるため、高校生6名と一緒に、知事に提言する提言会を実施した。「群馬県は中高生の自転車事故が全国で一番多いから、自転車専用道路を作ってほしい」「学校のタブレットのセキュリティが厳しく他校の生徒にメールを送れないようになっているから、連携しにくい」などということを知事に伝えた。実際に、今予算をつけられないか、改善できないかなど検討されており、これらが動こうとしている。高校生でも、政治を変えられるのだ。

　こども基本法が今年4月から施行され、子ども政策を決める上では、子どもの意見を聞くことが各自治体には義務づけられる。このような機運が高まる中で、子どもの声を聞くこと、子どもの声が政治に反映されることを後押しするためにも主権者教育は大事だ。

学校でやってほしい主権者教育

　2016年に18歳選挙権が導入されてから、7年。私たち笑下村塾の実践、そして海外の主権者教育を見て、学校の先生方にやってほしいことを伝えたい。

●Profile
たかまつなな　1993年神奈川県横浜市生まれ。時事YouTuberとして、政治や教育現場を中心に取材し、若者に社会問題を分かりやすく伝える。18歳選挙権をきっかけに、株式会社笑下村塾を設立し、出張授業「笑える！政治教育ショー」「笑って学ぶSDGs」を全国の学校や企業、自治体に届ける。専門は、若者の政治参加、主権者教育。YouTubeたかまつななチャンネルでは、若者向けの社会問題解決型の報道番組を行っている。著書に『政治の絵本』（弘文堂）『お笑い芸人と学ぶ13歳からのSDGs』（くもん出版）がある。

① 行動を促す

あらゆる社会問題の現状を知識として知るだけではなく、それを解決するためには、どんなルールが必要なのか、私たちができることは何かということを、大きな視点と小さな視点両方で考える授業が必要だ。例えば、私たちは、SDGsの授業では、「SDGsは17個の目標であり、目標を達成するために行動することが大事だよね。だから、目標達成のために、どんなことができるか考えよう」と企画立案のグループワークをやってもらう。

また、平和教育の授業では、従来の平和を祈るという学習から平和を作るために私たちが何ができるか考えてほしいと考え授業を作っている。平和を作るために、個人ができること、国ができること、国際社会ができることを紹介し、各自、平和のためにやりたいことを宣言してもらう。「争いは、差別や考えの違いから生まれることが多いから、他国の文化、歴史を勉強したい」「貧困は争いの原因になってしまうから、フェアトレードの商品を買って平和を作りたい」「防衛についての各政党の考えを調べ、選挙に行きたい」などという発表がなされた。

このように自分たちが社会の一員であることを知り、自分たちの力で社会をよくできることを意識させ、そして行動につながることを考えてもらうことが重要だ。

② 学校を民主的にする

「校則を変えたい」「学校を少しでもよくしたい」「制服のルールを見直したい」。こういう声にはしっかりと耳を傾け、議論すべきだ。教師が子どもたちの声を聞いてくれていると思ってもらうことも大事なので、たとえ変えられないとしても、その理由をきっちりと説明することが大事だ。また、職員会議などを民主的な場にしていくように、教師も実践す

ることが大事だ。よく社会を変える宣言であがるのは、「先生の働き方がブラックすぎるから変えたい」というもの。本来は、教師自ら変えている姿を見せなければいけないと思う。

イギリスで取材中、教員が自分たちの処遇を巡り、大規模なストライキを行っていた。大学では授業が3週間ほど休みになることも。でも教師は「授業がお休みになってごめんね」とは謝らない。むしろ「これは私たちの大事な権利だから君たちも応援してほしい」というのだ。それに対して生徒は「授業が休みになったから、宿題の提出期限を延期してほしい」と署名活動をし、大学に提出する。結果、認められなかったが、教師からダメな理由が説明され、「こうやって声をあげてくれることはありがたいから、今後も続けてほしい」と言った。

ぜひ対話によって、合意形成し、ルールを作る経験を子どもたちにしてもらってほしい。そういう場をクラスの中で、学校の中で経験させてあげてほしい。その経験と自信が子どもたちの社会参加に繋がる。

社会を変えられる。変えるのは楽しい。そう思える子どもたちを一緒に増やしませんか。

情報端末活用の
マイナスを
プラスへ

岐阜聖徳学園大学教授
玉置　崇

よりよい授業づくりを目指せば
情報端末活用は進む

　GIGAスクール構想が2年目に入りました。指導助言者として関わっている学校では、子どもたち一人一人が情報端末を活用している授業をよく見るようになりました。もっとも、文部科学省は令和4年11月25日に、全国の教育長宛に「一人一台端末の利活用促進に向けた取組について（通知）」を発信しています。全国的には、端末活用の実態に大きな格差があるからです。

　私が関わっている学校の状況から捉えると、わざわざ研究テーマに「情報端末活用促進」を掲げていなくても、学校全体でよりよい授業づくりに取り組んでいれば、自ずと端末活用は進むと思っています。授業の中で無理なく端末活用が行われ、子どもたちが喜々として授業に取り組んでいる姿を見ると、授業改善にとって今や端末活用は欠かすことができない要因であると確信しています。しかし、活用が進むにつれて、これまで起こらなかったマイナス面も見えてくるようになってきました。

「あの子の画面はいつも真っ白」
という声

　一人一人が自分の考えを情報端末に入力した後の授業場面です。全員の入力画面を大型ディスプレイに映したとき、「あの子の画面はいつも真っ白」といったつぶやきを耳にしたのです。ある子どもが考えを入力できないと、全員の前で明らかにされてしまったのです。これまでは、考えはノートやワークシートに書いていましたので、何も書けていないことが他の子どもたちに知られてしまうことはありませんでした。教師も、そうした子どもに心配りをして、そのような状況であることが分からないように

■profile■
たまおき・たかし　1956年生まれ。愛知県公立小中学校教諭、愛知教育大学附属名古屋中学校教官、教頭、校長、愛知県教育委員会主査、教育事務所長などを経験。文部科学省「統合型校務支援システム導入実証研究事業委員長」「新時代の学びにおける先端技術導入実証研究事業委員」など歴任。「学校経営」「ミドルリーダー」「授業づくり」などの講演多数。著書に『働き方改革時代の校長・副校長のためのスクールマネジメントブック』(明治図書)、『先生と先生を目指す人の最強バイブル　まるごと教師論』(EDUCOM)、『先生のための「話し方」の技術』(明治図書)、『落語流　教えない授業のつくりかた』(誠文堂新光社)など多数。

していました。ところが、情報機器が整備されたことで、思いもしなかったマイナス面が生まれてしまったのです。

　私はこのことを問題視して、学級全体で各自の入力場面を閲覧することを避けるべきだと言っているのではありません。次に示すような学級経営をしていただきたいと思っているのです。

心理的安全性が高い学級づくり

　「分からないときは、気軽に分からないと言える学級にしたい」という願いは、教師なら誰しも持っています。「心理的安全性が高い学級」では、間違えることを恐れる子どもはいません。困ったときには、気軽に級友に相談したり、「よく分からない」と声を出したりできます。私は、情報端末活用を促進すると同時に、この願いを具現化する学級づくりを進めるべきだと思うのです。

　こうした学級では、情報端末に何を入力したらよいか分からない子どもは、「分からない」と書いたり、「？」の記号を入れたりすることが気軽にできます。「？」という入力情報が学級全体の学びにとって大切な情報であると、子どもたちが認識している学級にしたいのです。ある子どもの困りごとの解決に向けて、全員で解決していこうという雰囲気がある学級は、まさに望ましい学習集団です。

　かつて飛び込み授業をしたときに、授業開始前に次のように子どもたちに伝えました。

　「分からないときは『？』と入力すればいいのだよ」

　日ごろから温かい学級経営がなされていたこともあってのことだと思います。おじけることなく、何人かの子どもが「？」を入力しました。私はすかさず、「『？』を入れてくれた人がいます。いいですねえ。みんなで考えていくときに『？』は、とても大

切な情報なんですよ。『？』の人は、近くの人に今の気持ちを伝えてごらん」と指示しました。

　「学びの共同体」を提唱している佐藤学は、望ましい学級像を「分からないと発言した級友に、分かっている子どもが徹底して付き合う学級」といった表現をしています。情報端末活用におけるマイナスは、こうした学級であれば、それをプラスに転化することができるのです。

教師も「分からない」と言ってもいい

　教師も「分からない」と言ってよい授業場面があります。素直にそう言った方が、学びが高まることがあります。私が目の当たりにした授業です。ある子どもの考えが教師の予想を超えていて、どう展開したらよいかと困った状況になりました。どうするのだろうと見ていると、「面白そうな考えだけど、今日はこの方法で考えよう」と教師は伝え、その考えを取り上げることはしませんでした。

　参観していた私は、「ああ、もったいない。これを取り上げたら深い学びができるのに……」と残念で仕方がありませんでした。こうしたとき、素直に「よい考えのようなのだけど、私はよく分からないのです」と、子どもに伝えればよいと思えたシーンでした。というのは、その子どもの考えを聞いて、「なるほど」とか「そうか」とつぶやいた子どもたちがいたのです。きっと、あの子どもたちなら、あれこれ考えを出し合ってゴールに達することができたでしょう。

"普通にいい授業"を創る ［第5回］

授業づくりのパラダイムシフト

上智大学教授
奈須正裕

学制150周年に生じた劇的な変化

　"普通にいい" 授業について考えてきましたが、学制発布150周年を迎えた今日、授業づくりの基盤的条件に劇的な変化が生じつつあります。GIGAスクール構想に伴い、みなさんの学校にもすでに届いている一人一台端末と高速大容量のネットワーク環境です。

　もちろん、これらはただのモノなので、それ自体がみなさんの授業をただちに変えることはありません。みなさん自身がこれらのモノを、授業づくりという自立的で創造的な営みにどのように組み込んでいくかによって、何がもたらされるかはすっかり違ってきます。

　結論から言えば、従来の枠組みや発想の下で使おうとする限り、効果はほとんど得られず、かえって授業や学びの質が低下することの方が多いかもしれません。新たなテクノロジーは常に、その特性をしっかりと踏まえたパラダイムの下で運用される必要があるのです。

学校教育の過去・現在・未来のモデル

　ここで参考になるのが、1990年にブランソンが来るべき情報化社会を見据えて提起した図のモデルです。教師があらかじめの正解を一方的に教え込む「口頭継承パラダイム」という過去のモデルから、1990年時点では教師と生徒、生徒と生徒の間で双方向のやり取りがなされる「現在のパラダイム」への移行が完成していました。なお、ブランソンはアメリカの学校の現状に基づき、生徒間の相互作用は二次的なものであるとして、わざわざその箇所の矢印を点線にしていますが、日

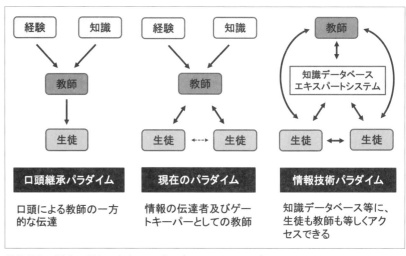

学校教育の過去・現在・未来のモデル（Branson,1990）
Robert K. Branson 1990 Issues in the Design of Schooling : Changing the Paradigm. *Educational Technology*, Vol.30, No.4, 7-10.

なす・まさひろ 1961年徳島県生まれ。徳島大学教育学部卒、東京学芸大学大学院、東京大学大学院修了。神奈川大学助教授、国立教育研究所室長、立教大学教授などを経て現職。中央教育審議会初等中等教育分科会教育課程部会委員。主著書に『子どもと創る授業』『教科の本質から迫るコンピテンシー・ベイスの授業づくり』など。編著に『新しい学びの潮流』など。

本の授業ならば、堂々と太い実線で表していいでしょう。

とは言え、そんな日本の授業も含め「現在のパラダイム」では、生徒は常に教師を介してのみ、学習の対象である「経験」や「知識」に出合うよう制約されてきました。これに対し、未来のモデルである「情報技術パラダイム」では、生徒が教師を介することなく、一人ひとりの都合とタイミングで「知識データベース」や「エキスパートシステム」にアクセスし、各自が必要とする「経験」や「知識」と出合い、自立的・個性的に学びを進めていきます。

もちろん、そこでの学びは個別的ではあっても「孤立」的ではなく、子どもが自発的に生み出す豊かで自然な対話や協働を伴いながら展開されます。子どもは面白いことを発見すれば友達に話そうとしますし、友達も楽しみながら聞き、いい発見ができてよかったと自分ごとのように喜んでくれます。また、困っている仲間がいれば放っておけません。その際、上から目線で「教えてあげる」などということはあまりなく、自身の存在や行為が仲間の学びを少しでも支えることができる可能性を、何よりの幸いと感じるものです。

「現在のパラダイム」では伝達者、ゲートキーパーの役割を担い、情報のコントローラーを全面的に掌握していた教師は、その役割を学びのコーディネーター、ファシリテーターへと大きく変貌させていきます。そうなると、もはや過剰な権威も不要となるでしょう。「生徒になめられないことが肝心」などといった非教育的な言説は、学校からすっかり放逐されるに違いありません。

教室にやってきた未来

ただ、このようなパラダイムシフトを実現し、自立的・個性的な学びを日常化するには、子どもたち一人ひとりが自在に活用できる情報端末と、ストレスなくクラウドにアクセスできる高速大容量のネットワーク環境が不可欠です。ブランソンがモデルを提起した1990年時点では夢のような話だったでしょうし、だからこそ「未来のモデル」なのですが、これが2022年の日本の学校では、すでにほぼ完璧に実現されています。

これこそがGIGAスクール構想の真価であり、個別最適な学びに際し、2021年1月の中教審答申が「子供がICTも活用しながら自ら学習を調整しながら学んでいく」（17頁）ことを強調する真意です。一人一台端末がほぼすべての授業で自立的・個性的に使われている学校と、週に何回かのみ、しかも一斉画一的にしか使われない学校の違いは、このようなパラダイムシフトの実現状況に全面的に依存しているのです。

学制発布から150年。ついに授業づくりの基盤が大きく変わるときが来ました。

小中連携
ハイブリッド型ワークショップ研修

　毎夏、青森県総合学校教育センターのカリキュラム・マネジメント（以下、「カリマネ」）と校内研修に関する研修にかかわっている。今年度は2日連続で講師を務めた。2日目のセミナーの参加者の前田達哉先生（弘前市立石川中学校教頭）から、その翌週にメールがきた。「令和6年度（8月）に石川小（對馬匠校長）と石川中（木村傑校長）が校舎新築に合わせて小中併置校になります。それに向けて小中連携をより深めていきたい。今年度の冬の合同研修会でワークショップを行いたい」という趣旨だった。弘前市が冬休み中の1月中旬の午前中に、両校の先生方が石川中に集結し、筆者はオンラインで講演及びワークショップの指導を行うこととなった。

　この3年間で、オンラインで講演することや参加者全員が協働学習支援ツールを用いてオンラインでワークショップを行うことにはずいぶん手ごたえを感じているが[1]、初めての先生方に対してワークショップをオンラインで指導することはほぼない。若干の不安を覚えつつも挑戦することとなった。研修の趣旨や進め方に関する講演（45分）、小中合同4チームによるワークショップ（55分）、各チームの発表（20分）、筆者によるコメント（10分）の計130分構成とした。

💡 中学校区のカリキュラム・マネジメントの先行事例

　講演の冒頭で本研修の趣旨説明を行った。「カリマネとは、目標と方法のベクトルの共有化と具体化を図ることで、今回は小中9年間を見据えて考える」「まず始めに大切なことは、小中双方の諸活動の考え方や取組に関して共通理解を図ること。その上で、子どもの資質・能力をどう育て、伸ばし、生かしていくかを考える。そのための具体的な手立てを一緒に考え、カタチ（指導計画や掲示物、マニュアル等）にして、実行していく。今回は時間が限られているので、今後の方向性だけでも具体化していきたい」と述べた。

　小中連携の事例として、一つ目に「関ケ原プロジェクト」を紹介した。2002年度に、パナソニック教育財団の研究助成を受け、当時鳴門教育大学大学院のゼミ生だった山中昭岳先生（現在は埼玉県の私立さとえ学園小学校・科長補佐）が中心になり、関ケ原町教育委員会と2中学校3小学校が筆者の研究室と共同で行った。

　総合的な学習の時間で育てる力として「問題解決力」「情報活用力」「共生の力」の三つを掲げ、小学校3年から中学校3年までの体系化を図った。今次学習指導要領で進めている資質・能力の先駆けと言える。そのためか、子どもの発表に対する意欲は中学校に進んでも衰えず、町のホールで小学生と中学生による町の活性化に関するシンポジウムを行っている。後日談だが、その時の登壇者の一人である小学校2年生は後に某テレビ局のアナウンサーになっている。この時の体験が影響しているかもしれない。授業展開に関しても5校で統一した。「学習の流れ」は中学校版、「まなび方5つのステップ」は小学校版である（**写真1**）。中学校の方が細かいが基本的な展開はほぼ共通である。今から思えば、地域のカリマネの先進的な取組である。

　また、本連載でも紹介した協働学習支援ツール

村川雅弘

甲南女子大学人間科学部・教授

「コラボノート」(JR四国コミュニケーションウェア)の前身である「わいわいレコーダー」を活用し、5校の児童生徒及び教員をつないだ。例えば、**写真2**は二つの小学校の「五平餅」に関する総合的な学習の時間の共同学習の成果物の一

授業スタンダードを小中で共通に

写真1

写真2

部である。2校の様子をもう1校の児童が見てコメントを行っている。中学校教員も感想を寄せている。総合的な学習の時間に関しては小中間の理解が十分でないために、取組自体が重なったり、中学校の方が不十分な取組に終わったりすることが、一般的に課題とされてきたが、小学校の活動のプロセスを中学校教員がモニターすることは、理解を深めるために極めて有効である。GIGAスクール構想が進められている今こそ、このような取組が期待される。

もう一つの事例は、尾道市の向島中学校区(1中学校、3小学校)の取組である。2020年度と2021年度に文部科学省のカリマネに関する委託研究を尾道市教育委員会が受け、同中学校区が指定校となった[2]。筆者は運営指導委員であった。

その後、中学校区のカリマネ事例として筆者のイチ押しになっていくが、改革のターニングポイントになったのが、研究指定直前の2020年3月に実施した4校合同研修である。4校の校長、教務主任、研究主任、生徒指導主事、体育主任が一堂に会し

た。教務主任4人は、総合的な学習の時間の年間指導計画を持ち寄り、主に育成を目指す資質・能力の体系化を

写真3

図りつつ、お互いの取組に関しての理解を深めた(写真3)。研究主任4人は、言語活動の充実を図るための具体的な手立てを検討した。生徒指導主事4人は「生活指導の規律の体系化」、体育主任4人は「体づくりの体系化」に取り組んだ。4校長は各チームの助言を行った。その後、各校に戻り、新年度の校内研究や各種の指導計画に反映させた。言語活動に関しては、4校共通の「目指せ! 話合いの達人」「聞き合おう! 向島スタンダード」「伝え合おう! 向島スタンダード」「話し合おう! 向島スタンダード」「振り返り3つの視点」を作成し、各教室に掲示し、その徹底を図った。

講演の後半は、ワークショップの各テーマに関連する情報や手法について紹介・説明したが、「講義を食い入るように聴かせていただきました。『語り合い5箇条』はまさにその通りと納得しました。生徒指導困難校の立ち直る姿を想像しながら、子どもたちの語らいや対話は、きちんとした意思疎通を図る上で、またそのことが子どもたちの全体的な自浄効果にもなるだろうと思いました」(中学校管理職)や「自分の考えをもたずして対話は成立しないという言葉が印象的でした。伝え合う、学び合う授業を作っていくには共感することも大切だということを再確認できました」(中学校教諭)といった感想(一部)をいただいた。

💡 石川小中合同ワークショップの手法と成果

　研修は、①言語活動、②学習意欲、③健康教育、④総合学習の4チームとし、小中の教員（管理職4人を含む）が半々入った。校務分掌と担当教科及び本人の希望からチーム編成を行った。

（1）授業等における言語活動の充実

　言語活動に関しては、前述の向島中学校区に加え、北陸の中学校や横浜の小学校等の取組を紹介した。整理・分析用のワークシート（模造紙サイズ）として、縦軸「小学校」「小中合同」「中学校」×横軸「国語の授業」「教科等共通」「授業以外」を示した（**写真4**）。

　既に「いしかわスタンダード」（**資料1**）が存在するが、お互いの工夫の具体に関しての共有化が図られた。

写真4

　感想（一部）の「小学校の授業を見る機会はこれまでもあったが、初めて聞く『竹の子読み』という指導法など、小学校の先生方が実際に工夫している点を詳しく聞くことができ、有意義な時間

資料1

となりました。再来年度の校舎統合へ向け、9年間を見通して、子どもの資質・能力を高められるように『型からオリジナル』の授業づくりをしていきたい」（中学校管理職）から、有意義な協議がなされたことが窺える。

（2）授業等における学習意欲の喚起

　学習意欲に関しては、前回の連載で紹介したARCSモデル[3]を解説し、関連資料も事前に配付しておいた。時間不足からARCSモデルは使われず、これまでの各校・各教員の取組の共有化及び具現化に向けた協議が行われた。感想（一部）にも、「共有化と具現化の重要性を改めて確認することができた。研修会を契機に意欲が高まった。今後の連携事業にいかに反映していくか、小中三役会で話題にしたい」（小学校管理職）や「小中お互いの取組について知ることができてとても有意義な時間でした。小学校で指導している内容を効果的に中学校で引き継いでいきたいと思いました。発表や講義を通して言語活動の大切さ、話合い活動をより大事にしていきたいと思いました」（中学校教諭）と教員自身の研修や実践への意欲が高まった。ARCSモデルの活用は今後の課題とした。

（3）健康教育と体づくりの体系化

　健康教育・体づくりに関しては、整理・分析用のワークシートとして2つ示した片方を参考に、縦軸「小学校」「小中合同」「中学校」×横軸「健康教育全般」「体づくり」「生活習慣・その他」を作成し、情報交換・協議を行った。「とてもよい刺激になった。小中合同で取り組めそうなこと、取り組んだ方がよいこと、具体的には『心の健康』『生活習慣のチェック』について、早速、小中で相談・連携しな

●Profile

むらかわ・まさひろ　鳴門教育大学大学院教授を経て、2017年４月より甲南女子大学教授。中央教育審議会中学校部会及び生活総合部会委員。著書は、『「カリマネ」で学校はここまで変わる！』（ぎょうせい）、『子どもと教師の未来を拓く総合戦略55』（教育開発研究所）、『ワークショップ型教員研修 はじめの一歩』（教育開発研究所）など。

がら取り組んでいきたい」（小学校教諭）といった今度の具体的な方向性を提案する感想があった。

（4）総合的な学習の時間とキャリア教育の見直し

　総合的な学習の時間に関しては、前述の向島中学校区の手法を事前に伝え、準備をしてもらっておいた。お互いの年間指導計画を見比べながら、目指す資質・能力の確認や活動内容に関する共通理解が図られていた。感想（一部）「小中９年間を見通してどのように全体計画を立て、どのような点に力を注いで指導していけばよいかが、小中の職員で共通理解ができてよかった」（小学校教諭）や「全体計画、活動内容等、小中のつながりを意識して改善していく必要を感じた。新校舎活用も視野に入れて連携を深めていきたい」（小学校教諭）などから有意義な協議がなされたことが分かる。

　「新校舎や校地の見取り図があるなら、４・５年生くらいから『新校舎活用・提案プロジェクト』という総合に取り組むのも面白いよ」と助言した。有名な建築家が生まれるかもしれない。

💡 ワークショップに対する オンライン指導・支援に手応え

　研修全体に関する感想（一部）も紐解いておきたい。「小中合同で、テーマごとに用意した資料を見ながら付せんを貼るワークショップは、色分けになっていて、課題などが見えて分かりやすかった。カリマネの在り方や、アクティブ・ラーニングについて参考になる話がたくさん聞けてよかった」（小学校教諭）や「小中それぞれの実践例や資料をもとに話し合えたことが、お互いの情報共有になり、とても参考になった。小中が連携して取り組むべきことや改善策は、今すぐカタチにできなくても、少し

ずつ機会を使って協働して作り上げていきたい」（中学校教諭）、「リモートでのワークショップでしたが、ブレイクアウ

写真5

トルームなどを使って先生に協議の際に質問などできたらもっと良かったかなと思いますが、とても充実した研修となりました」（中学校教諭）など、かなりの成果があったことが窺える。ワークショップに戸惑わないかと心配していたが、現場にいた前田教頭は「講演後、先生方はすぐにワークショップに取りかかり、若い先生も含めて活発な協議が行われていた」と述べている。

　筆者としてはやや不安な船出であったが、対面に匹敵する成果が得られた。少し大げさだが、オンラインによるワークショップ研修として新たな金字塔を打ち立てることができた。

［注］
1　村川雅弘「ニューノーマルの校内研修［第２回］［第３回］」『教育実践ライブラリ』（Vol.2 ·Vol.3）、ぎょうせい、2022年
2　濵本かよみ・広島県尾道市教育委員会「中学校区で進めるカリキュラム・マネジメント『しまっ子 志プロジェクト』」村川雅弘・吉冨芳正・田村知子・泰山裕編著『教育委員会・学校管理職のためのカリキュラム・マネジメント実現への戦略と実践』ぎょうせい、2020年
3　鈴木克明「インストラクショナルデザイン（ID）基礎資料ARCS作戦集」https://www.jasso.go.jp/ryugaku/jlec/tjlec/research/__icsFiles/afieldfile/2022/05/23/arcssakusenshuu.pdf

「スタディ・ログ」を生かした 「個別最適な学び」「協働的な学び」

福岡県筑後市立松原小学校

Lead

「自ら学びを自己調整できる子供に育てたい」。筑後市立松原小学校（大淵広顕校長）では、「個別最適な学び」「協働的な学び」の研究を通して、子供が自らの学びを創る実践に取り組んできた。スタディ・ログを駆使した取組によって、"令和の授業づくり"に向かう同校の取組を紹介する。

自分の持ち味を生かして学ぶ子どもたち

「今日は組み合わせについて勉強します。4チームがバスケットボールの試合をするときに、何通りの組合せができるか考えてみましょう」

6年生の算数の授業が、岡村賢吾教諭の問いかけで始まった。

今日の「めあて」は「試合の組合せを落ちや重なりがないように調べる方法を考えよう」。

板書された「めあて」を一人一人つぶやく子供たち。そして全員で「めあて」を唱和すると、課題解決に向かう見通しの検討に入った。

以前学んだ樹形図を使う方法や縦軸と横軸にチーム名が入った表を使う方法が示された。タブレットを開き、5年生で学んだこと、前時の振り返りなどを収めた「スタディ・ログ」を確認しながら、どの方法でいくか、課題は解決できるかを自問する。ロイロノートに、自分が選んだ課題解決の方法とともに、「できそう」なら青、「考えたらできそう」なら黄、「分からない」なら赤の付箋シートをアップさせていく。「できそう」とそれ以外は半々といったところだ。

次に、自分が選択した方法で課題解決に進んでいく。「スマイルタイムは8分」。岡村教諭の声で、子

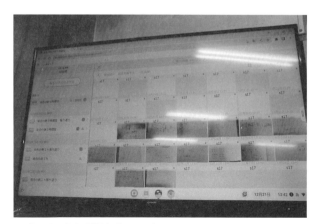

ロイロノートに見通しをアップ

スタディ・ログA

大淵広顕校長　　　　植田亮一主幹教諭　　　　岡村賢吾研究主任

「スマイルタイム」

振り返り

供たちが教室内を巡り始めた。お互いのスタディ・ログを見せ合いながら話し合う子供たち、ロイロノートに「分からない」と赤付箋をアップさせた子に教えに行く子供、樹形図をホワイトボードに書き記して検討するグループ。教室内を自在に巡りながらお互いの考えを交流させていく。同校の「スマイルタイム」は、こうした多彩な「協働的な学び」が展開される時間だ。

「スマイルタイム」が終わると、みんなで解決方法を出し合った。

各チームを頭にした樹形図では、A対B、B対Aなどの重なりができてしまうため、重なりを消していけば「6通り」と答えが出るとの意見。表なら、同チームの部分を斜めの線で消せば、上下どちらか半分が組合せの数になるとの意見が出た。そこで、岡村教諭が新しい考えを放り込んだ。「四角形の角をチームにするとどう？　結構いい考えなんだけど」。そこでまた、子供たちの話し合いが進む。「分かった！　辺と対角線の数で6本だから組合せが分かるし、重なりがない！」と気づく子供たち。

「では、次の問題です。10チームになった場合、どのやり方がいいか、考えてみましょう」。

多くの子供たちは樹形図で取り組んだが、少々苦戦気味。多角形の図に取り組んだ子供たちに至っては、線が多くなりすぎてお手上げといった体だ。結局、チームの数が多くなれば表、少なければ樹形図が便利という結論に達した。

この活動から導かれた「まとめ」は「試合の組合せにも図や表を使うと落ちや重なりがないように調べることができる」。子供たちはこの「まとめ」をつぶやいたり唱和したりして、「振り返り」に入る。「今日学んだことをもっと幅広い課題に生かしてみたい」「樹形図の他に調べる方法が学べた」とスタディ・ログに記したり発表したりし、チーム数を変えた「チャレンジ問題」に挑戦して授業は終了。授業の最後には、付箋シートは、ほぼ青で埋まっていた。

「既習事項を使いながら考える方法を広げていきたいと思っていました。子供たちは、上手にスタディ・ログを活用しながら学習を進めてくれたと思います」と岡村教諭。前時までの子供たちのスタディ・ログを分析して最適な教材を選んだとのこと。

子供の見とりや最適な教材選択などにスタディ・ログを活用していくのが松原小の授業づくりだ。

学びを創りを促進させる「スタディ・ログ」

松原小のスタディ・ログは、「子供一人一人の学習状況の蓄積、分析、評価をするために記録として

遺した学習履歴」という。子供にとっては自らの学びを見直したり進めたりするツールであり、教師にとっては子供の学習状況や内容の定着度を分析する材料となるもので、同校では「スタディ・ログＡ」と「スタディ・ログＢ」の２種類を設定している。

「スタディ・ログＡ」は、学習支援アプリを使い、毎時間の板書や振り返りを一つのシートにつないだ学びの履歴である。主に「板書」（黒板の写真）、「振り返り」「宝箱」（自分や友達の考え、つまずきなど）で構成され、前学年などまでさかのぼって閲覧できることから、子供たちは、既習事項を振り返りながら、本時の問題解決や自己評価に活用し、教師は子供の自己評価などをもとに次の時間の授業づくりや個別の支援に生かしている。

「スタディ・ログＢ」は、定着度を形成的に評価するペーパーテストだ。単元の導入、展開、終末のそれぞれ最後に実施し、学習の定着度を単元の段階ごとにアセスメントすることで、子供のつまずきをリアルタイムに把握し、授業の見直しを図ったり、家庭学習に役立てている。

このスタディ・ログＡとＢによって、子供たちは、自分の学びを形成的・客観的に捉えることができ、自らの学習を見直し改善しようとし、学習の自己調整力が培われていくという。

このように、同校のスタディ・ログは、子供が自

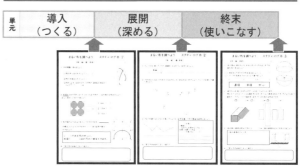

スタディ・ログＡ（上）とスタディ・ログＢ（下）

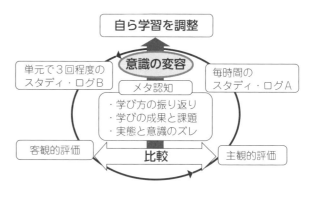

スタディ・ログＡとＢの相互関係

スタディ・ログ	目的	内容	方法
A	子供は、単元を通した数学的な見方・考え方を振り返り、本時の問題解決に役立てる。 教師は、授業改善や個に応じた支援を行う。	・板書（学習内容、数学的な見方・考え方など） ・振り返り（学習内容、数学的な見方・考え方など） ・自分の考え　など	・学習支援アプリで作成 ・毎時間の板書写真を配信・保存 ・自分の考えやノートの写真を保存 ・振り返りを記述（理解度に応じて３段階の色分け）
B	子供は、学習状況や学習内容の定着度を把握し、家庭学習や次時の学習に役立てる。 教師は、子供一人一人の定着度を客観的に把握し、授業改善や個に応じた支援を行う。	・知識・技能について ・思考・判断・表現について	・テスト形式 ・教科書や評価テストを参考に作成 ・単元の導入、展開、終末に設定 ・単元内や教育課程外の時間に実施

スタディ・ログの目的・内容・方法

表

段階	主な学習過程	個に応じた支援【個別最適な学び】
つかむ・見通す	1 本時学習のめあてをつかみ、解決の見通しをもつ。 （1）前時までの学習との違いから、本時学習のめあてをつかむ。 （前時の問題場面）　　違い　　（本時の問題場面） （本時のめあて　○○について調べよう（考えよう）。 （2）見通しについて話し合い、解決方法を選択する ※スタディ・ログAをもとに見通しを考える。 ※タブレット端末を使って、見通しのもち具合について提示する。 青（できそう）、黄（考えたらできそう）、赤（分からない）	○　一人一人が自分で学習のめあてを立てることができるようにするために、タブレット端末を使って、前時までと本時の問題を比較する活動を仕組み、違いを明らかにする。 【スタディ・ログAの活用】 ○　一人一人が解決の見通しをもつことができるように、スタディ・ログAを振り返らせて、既習の学びを想起させる。また、一人一人の見通しの状況を把握するために、3段階で見通しのもち具合についてを提出させる。
調べる	2 選択した方法を使って、○○の解決方法について調べる。 【スマイルタイム】※個の学びと協働の学びの往還（学習状況に応じて学び方を自ら選択することができる時間） 解決方法A　—　解決方法B　—　解決方法C （話し合いの視点：共通点・差異点、簡潔・明瞭・的確、序列など） （見いだした解決方法や考え）	【スタディ・ログA・Bの活用】 ○　問題解決が難しい子供には実際に具体物を準備して操作できるようにしたり、スタディ・ログAから問題解決に必要な既習の学びを振り返らせたりする。 【スマイルタイムの設定（学び方の選択）】
深める	3 追事象を解決し、〜についての理解を深める。（以下は、例である） ※本時の内容によっては、追事象を設定しない場合もある。 その場合はチャレンジ問題を解き、一般化を図る。 ①問題によって最適な解決方法があることに気付く（付加） 解決方法A／解決方法B　→　追事象　→　AかB、どちらがよりよく解決できるか判断し、その理由について話し合おう。（付加） ②内容の理解を確かにする（強化） 解決方法A／解決方法B　→　追事象　→　どちらでも解決できることを確かめ、一般化を図る。（強化）	○　見いだした方法の理解を深めるために、タブレット端末のアンケート機能を活用して、〜について判断させて、その理由について話し合わせる。 ○　見いだした方法の理解を確かにするため、主事象と似ている問題を解かせて、解決の結果について話し合わせる。
まとめる・振り返る	4 本時学習をまとめ、自己の学びを振り返る。 （1）本時学習について自分でまとめる。 ○○も、解決方法Aを使って考えると、これまでの〜と同じように求めることができる。 （2）チャレンジ問題を自ら選択し、自己の学びを振り返る。 チャレンジ問題①（全員が解ける）　チャレンジ問題②（やや難しい）　チャレンジ問題③（難しい） ※チャレンジ問題の3問のうち、①は主眼達成が判断できる問題 ②③はさらに思考を要する問題とし、子供自らが選択して取り組めるようにする。 （3）タブレット端末で自己の学び方を振り返る（スタディ・ログA） ※3段階で自己評価し、振り返りを記述する。	○　一人一人が自分の実態に応じて問題を選択して、自力解決できるように、レベルに応じて類似問題や発展問題を3段階準備する。 【チャレンジ問題の選択（理解度の確認）】 【スタディ・ログAの実施】 ○　本時学習の学び方を振り返らせるために、理解度に応じて選んだ色の付箋シートに、振り返りを記述する。青・黄・赤の3段階。

ら学びのPDCAを回し、教師は授業分析や個に応じた支援に生かしていく役割を担っているのである。

模索の中から開発された「個別最適な学び」「協働的な学び」

松原小の研究テーマは「主体的に問題解決する子供を育てる算数科学習指導～個別最適な学びを推進するスタディ・ログの活用を通して～」。令和２年度からの県教委重点課題研究指定である。中央教育審議会答申「『令和の日本型学校教育』の構築を目指して」で「個別最適な学び」「協働的な学び」が打ち出されたのが、令和３年１月。これに先立った先進的研究としてスタートしたが、GIGAスクール構想で情報端末が配布される前でもあったため、当初は手探り状態だったという。

「とにかく関係する本を集めて勉強会をしたり、先進校に視察に行ったりと手探りでした。今ではタブレットでできる授業でのやりとりも紙媒体で行ったりと試行錯誤でしたね」と、当時研究主任だった植田亮一主幹教諭は言う。

そこで、同校では子供の「学習の自己調整力」とスタディ・ログに着目し、教師の見とりと子供の自己内評価を生かした自立的で継続性のあるスパイラルな学習サイクルを構築することを目指し、授業づくりに取り組んでいった。

まず、授業の流れを、①つかむ・見通す、②調べる、③深める、④まとめる・振り返る、で構成した。

「つかむ・見通す」段階では、子供たちの習熟を見とりながら、前時までの学習の違いを提示し、本時の課題を把握して解決への道筋をもたせる。見通しを考えたり話し合う場面では、スタディ・ログAをもとに自分なりの解決度を、青（できそう）、黄（考えたらできそう）、赤（分からない）の３択でロイロノート画面にアップさせる。これで、教師は課

題解決に対するクラス全体や子供一人一人の習熟度を把握できる。

「調べる」段階では、提示されたいくつかの解決方法から自分にとって最適な方法を選択して課題解決に向かっていく。この時に行われるのが「スマイルタイム」だ。教室内を自由に行き来して、分かった子は友達に教えに行ったり、分からない子は聞きに行ったり、考えの違いなどを伝え合ったりする。自分に合った方法で自力解決に取り組みながら、友達と交流し、考えの違いや共通点などを確認し合いながらさらに考えを深めていく。同校が「個の学びと協働の往還」と呼ぶ、ダイナミックな思考活動が展開される場面だ。

「深める」段階では、課題解決が明らかになった段階で、似た事象が提示され、子供たちは解決方法などについて検討を行う。どの解決方法が有効であるのか、どちらの方法でも解決できるのか、などを検証していくのである。

「まとめる・振り返る」段階では、本時の学習について自分なりにまとめていく。ここで活用されるのが「キーワードカード」だ。教科の見方・考え方に関わるキーワードが教室や黒板に記されており、子供たちは、それらのキーワードを使いながら、学習を振り返っていく。振り返りが教科の学びに焦点を当てられるように工夫されているのだ。このキーワードは、スタディ・ログAの「宝箱」にも収められており、子供たちは随時、これらを確か

「スマイルタイム」で協働の学び

教える

友達に聞く

伝え合う

●DATA

福岡県筑後市立松原小学校
〒833-0055
福岡県筑後市大字熊野766
TEL 0942-53-2264

めながら、教科の見方・考え方を常に意識してい
く。さらに、この段階では、「チャレンジ問題」が
提示される。「チャレンジ問題①」（全員が解ける）、
「チャレンジ問題②」（やや難しい）、「チャレンジ問
題③」（難しい）の三つから自分が取り組みたい問
題を選んで解いていく。子供たちにとって、自分の
学びを確かめたり、本時の学習の手応えをもつこと
ができる時間だ。最後には、タブレット端末を使
い、青・黄・赤で自己評価した付箋シートに振り返
りを書き込んでスタディ・ログAに格納し、ロイロ
ノートにアップする。教師はこれを、次の授業構想
のためのデータとしていく。

このように、スタディ・ログの活用によって、子供
の個と集団の最適な学びを提供しながら、切れ目の
ない学習活動を生み出しているのが松原小の実践だ。

授業づくりを支えるバックヤード

松原小では、研究の柱の一つとして、「個別最適
な学びを推進する組織体制づくり」を掲げている。
低・中・高学年部会ごとに研究授業を行い、授業整
理会において、授業評価を行う。子供たちの主体的
な問題解決については、①スタディ・ログAを活用
して問題解決する姿、②スマイルタイムで学びを選
択する姿、そして、教師の授業改善や個に応じた支
援については、①スタディ・ログBの結果を生かし
た授業改善、②スタディ・ログAとBの結果を生か
した個に応じた支援、といった視点から授業評価を
行っていく。ケースカンファレンスのようなミー
ティングとなることで、授業者だけでなく参加者の
授業改善にもつながっているようだ。

このことがスタディ・ログやチャレンジ問題の精
度を上げ、子供たちの学びを支えている。「個別最
適な学び」「協働的な学び」には、バックヤードに

おける深い実践研究が大切であることを気づかせて
くれる取組だ。

さらなる広がりと深まりを

大淵広顕校長が赴任した令和元年当時、松原小で
は学力の二極化、学習意欲の低下が課題となってい
たという。そうした中、県教委から「個別最適で協
働的な学び」の研究指定を受けた。

「願ってもないこと」と手応えを感じ、その後の
市教委からのICT支援もあり、研究主任を中心に、
話し合い活動「スマイルタイム」、学びを促進する
「スタディ・ログ」が開発されていく。そして、タ
ブレット導入以後は授業が飛躍的に変わった。指定
2年次に報告会授業を見た時には「研究のスタート
時にイメージした授業が実現できて、とても感激し
た」と大淵校長は振り返る。

「すべての教員が真摯に授業改善に取り組み、子
供たちの学びの姿も変わってきました。今後も研究
してきたことを他教科にも広げ、子供の学びの意欲
を高めていきたい」とのことだ。

松原小の「個別最適な学び」「協働的な学び」の
研究は、子供と教師に学びのマインドセットを起こ
した。令和の学びに向かう松原小の取組は今後、さ
らなる広がりと深まりを見せてくれそうだ。

（取材／本誌・萩原和夫）

「うか」という依頼がありました。

作者自身が作者の気持ちを答える、というのは、はじめての体験です。少年時代に、「作者の言いたいことを答えなさいよ」に「知るかよー!」と思った一人ではありますが、もうそれではすまされない。久しぶりに学生時代に戻った気持ちで、それぞれの入試問題に、取り組んでみました。模範解答は、あえて知らないままにして。

け

んめいに解答を仕上げて(試験時間よりはるかに長く掛けてしました)、記者さんに送り、やがて掲載記事が送られてきました。そこには、私の解答と、中学校の解答例が並んで載せられていました。

それを見て思ったのは、やはり作者の思い入れが、強く出てしまうな〜ということ。たとえば、「作者が『ヒマワリの種』を『大地のパワーのおおもと』と言い換えているのはなぜだと考えられるか」という問題。ソラは、自分の顔のほくろをヒマワリの種に譬えた俳句をハセオが詠んだことにショックを受けるのですが、対話するうちに、傷つけたかったわけではないとわかり、仲直りをします。そこで、誤解のもとになったヒマワリの種を捨ててしまわないで、「大地のパワーのおおもと」と呼んで、握りしめるという場面なのですが……。学習院女子中等科の模範解答では「話を聞くうちにハセオの気持ちがソラにも伝わり、ヒマワリの種が特別な力や元気の出るもとのように思えてきたソラの気持ちの変化を表しているから」と、まさに簡にして要を得た解答。一方、作者である私の解答は「二人の友情がいっそう深まり、俳句活動も熱を帯びていくことを暗示している」という、「書かれていないこと」にまで踏み込んだ内容になってしまっていました。「作者が……言い換えているのはなぜだと考えられるか」という問

題なので、作者がそう言っているんだからそれでいいのだ!と開き直ることもできるのでしょうが、あくまで文章というのはそれ自体で独立したもの。読者の解釈が作品をよりよく見せるのであれば、作者はむやみに主張せず、ただ引き下がるのみ。やるべきことをやったらあとは若者に任せてすっと音もなく去ってゆく、クリント・イーストウッド監督の映画の主人公のようにふるまうべきなのです。

先日、記事にしてくださった記者の方との忘年会がありました。そこで、記事の話になった際、微酔の勢いで「実際に先生方に採点してもらいたいですね〜」と気軽に振ってみたところ、実は某大手予備校の先生に採点をしてもらった、と言うではありませんか。

「えっ、何点でしたか?」と思わず前のめりになって聞くと、いかにもすまなさそうに、「書くべきところが書いていなかったということで、百点満点換算で五十点でした」。

全国の受験生の皆さん、「作者の言いたいことを答えなさい」、作者も答えられないんだから、どうか間違っててもがっかりしないで、気持ちを切り替えてね。

高柳 克弘

俳人・読売新聞朝刊「KODOMO俳句」選者

●profile●

1980年静岡県浜松市生まれ。早稲田大学教育学研究科博士前期課程修了。専門は芭蕉の発句表現。2002年、俳句結社「鷹」に入会、藤田湘子に師事。2004年、第19回俳句研究賞受賞。2008年、『凛然たる青春』(富士見書房)により第22回俳人協会評論新人賞受賞。2009年、第一句集『未踏』(ふらんす堂)により第1回田中裕明賞受賞。現在、「鷹」編集長。早稲田大学講師。新刊に評論集『究極の俳句』(中公選書)、第三句集『涼しき無』(ふらんす堂)。2022年度Eテレ「NHK俳句」選者。中日俳壇選者。児童小説『そらのことばが降ってくる 保健室の俳句会』(ポプラ社)で第71回小学館児童出版文化賞を受賞。

「こころ」を詠む ［第5回］

卒業やカーテン淡き保健室

克弘

子どもの頃、国語のテストの「作者の言いたいことを答えなさい」という質問文に、「知るかよ！」と思った経験、ありませんか？　私もその一人でした。それが今年、まさかの「作者の言いたいこと」を作者自身が答える、という体験をすることになるとは……。

二〇二一年に、児童文学『そらのことばが降ってくる　保健室の俳句会』（ポプラ社）を刊行しました。いじめのために教室に行けなくなった中学生の主人公・ソラが、保健室登校をする中で俳句好きのハセオに出会うことで、句会に誘われ、人を傷つけることも救うこともできる言葉について考えを深めていく、というストーリー。主人公とその友人の名前は、紀行文『おくのほそ道』の旅をした芭蕉と曾良の名前から取りました。

この、第七十一回小学館児童出版文化賞を受賞することになりました。俳句を取り扱った児童文学は珍しかったのでしょう、幸い好評を得て、

また、二〇二二年度の桜蔭中学校、学習院女子中等科（帰国子女対象）の入試問題にも引用してもらいました。

子どもの作る俳句は、素直なところが魅力的です。もう二十年近く、読売新聞でKODOMO俳句というコーナーを担当していて、そこに寄せられてくる小学生の俳句は、とにかく自由、奔放。おそらく、本当に俳句が作りたくて作っている子どもは稀で、多くが学校の先生から言われて作らされているのだと思うのですが、「めんどくさいなー」と思いながら適当に作っているスタンスが、いい具合に肩の力が抜けているために、はからずも面白い句が生まれるのです。

そのように子どもの俳句に触れてきた経験が、執筆の契機でもあったので、担当の記者さんに受賞と入試問題採用のことを報告したところ、「ぜひ記事にしたいので、入試問題を作者自身で解いてもらって、国語の入試問題に備えている受験生へのコツを教えてもらえないだろ

「教育漫才」栄劇場

スクラッチ

【5組目】チャレブック

埼玉県越谷市立新方小学校長
田畑栄一

たばた・えいいち 「自殺・不登校・いじめのない、子どもたちが生き生きと笑って学べる学校の創造」を目指して、8年前から教育漫才を発案し実践を積み重ねている。温かい雰囲気に学校が変容し、人間関係が円滑になる教育効果を実感し、その魅力を全国に発信している。著書に『教育漫才で、子どもたちが変わる〜笑う学校には福来る〜』(協同出版)、『クラスが笑いに包まれる! 小学校教育漫才テクニック30』(東洋館出版社)。

二人：「はい、どうもー」

B：「さようなら」(素通り)

A：「どこ行ってねん! 戻ってこいや」(しばらくして戻る)「どこに行っていたの?」

B：「コンビニでポテチ『勝手に』取ってきたけど。何か?」

A：「『買って』来たのじゃなくて『勝手に』は、やばいよ。警察来るよ」

B：「じゃ、早くやろうよ、漫才。捕まる前にやろう!」

A：「わかった。わかった。私はAで趣味は卓球です」

B：「僕はBです。趣味は焼き肉屋さんで焼かれることです」

A：「なんで、肉屋さんで焼かれることが好きやねん!」

B：「だって、肉屋で焼かれたら、熱い男になれるじゃん」

A：「いや、なれないから。火傷するだけだよ」

B：「まあまあ、それはおいといて。ところでさ、スクラッチしない?」

A：「あー、あのタブレットゲームのやつね。じゃ、わたしが動くからBが操作して」

B：「OK! 右に行きます」

A：「ウイーン」(マイクをもってクレーンのように動く)

B：「左に行きます」

A：「ウイーン」(マイクをもってクレーンのように動く)

B：「寝ます。グンナーイ!」

A：「なんで私が寝ないといけないの! そもそもグンナーイ!って、なんやねん!」

B：「えっ? だって、『寝る』と最強になるじゃん!」

A：「なんて言った? 『寝ると最強に気持ち悪くなる』って?」

B：「まあまあ、機嫌直して、続きをしよう」

A：「ウイーン」(マイクをもってクレーンのように動く)

B：「前に行きます」

A：「ウイーン」(マイクをもってクレーンのように動く)

B：「後ろに行きます」

A：「ウイーン」(マイクをもってクレーンのように動く)

B：「落とし穴を作ります」

A：「え? うーおお、おおお…なんで落とすんだよ!」

B：「笑いにもゲームにも『落ち』が必要でしょ。僕がやる。操作交代します」

A：「いいけど」

B：「僕が『落ち』ます。あ〜ああああ…」(床に倒れる)

A：(聴衆に)「良い子の皆さんは、ネタで落としてね。危険なので、決してマネしないでくださいね」

B：「助けて〜」

A：「うんとこしょ、どっこいしょ。なんでBくんは、自分から落ちんの? そもそも、めちゃ傷があるけど、大丈夫なの?」

B：「おれは、最強のガラスだから大丈夫だよ」

A：「いや〜それ、危ないだろう!(ピーポー、ピーポー)やばい。もうすぐ警察来るよ!」

B：「えっ、じゃあ、さようなら」

A：「いやいや、そっちから警察来ているから。逃げるなら、こっちだよ。もういいよ!」

二人：「どうもありがとうございました」

❖舞台袖から❖

今回紹介するのは、第1回教育漫才大会N-1グランプリの5年生男女コンビ「チャレブック」のネタです。上手いと感じるのは、「つかみ」です。入りの「素通り→泥棒」。この泥棒という伏線が、終末のパトカーの「サイレン」につながっていきます。もう一つは、国語で学習した同音意義語を使っています。「勝手」と「買った」という聞き違いが起きそうな語の並び。さらにツッコミ役Aの真面目さを出しておいて、ボケ役Bの「熱い男」のズレがクスっと笑わせます。本ネタは、「スクラッチ」、まさにタブレット端末世代だから作れるネタです。イメージのできる子どもたちは大笑いです。このチャレブックは、審査で優秀コンビとして選出されました。

9月23日には、越谷駅前で行われた「子どもフェスタ」で、多くの地域の人たちが見守る中、大きな声で堂々とネタを演じ切りました。人前で表現することが、自己肯定感や自己効力感を育むと再認識したイベントでした。

裏切られても、裏切られても、見捨てない

明治大学教授 **諸富祥彦**

［第5回］

教師生活が
楽しく
ラクになる
魔法の作戦本部

　私は、もう23年も、スクールカウンセラーとして、中学校や高校に勤務してきました。その中で「忘れられない先生」「子どもたちとのかかわりのなかで、大切なことを教えてもらった先生」とも出会ってきました。

　ある中学校は、その当時、県下でも指折りの「荒れた」学校でした。今では聞かなくなりましたが、当時は、常時50人くらいの生徒が、教室の中に入らずに廊下を徘徊していました。

　教師が追いかけると、生徒が走って逃げる。その繰り返しで、いっこうに明るい兆しが見えず、先生方の疲労はピークに達していました。月曜日の教員の欠勤率が20％を超えるところまでいってしまったこともあります。まさに「集団燃え尽き状態」だったのです。

　学校が変わったきっかけは、異動してきた校長が新年度に方針を切り替えたことでした。次の二つの方針を徹底したのです。「大きな声で絶対に怒鳴らない」「絶対に生徒を追いつめない」。真っ赤なTシャツを着てきた生徒も家に帰さず、とりあえず校舎に入れました。「着替えてこい」と言われた生徒は、多くの場合そのままゲームセンターに行って悪い先輩たちとつるみ、さらに荒んでいくことが見えていたからです。

　中でも記憶に残っているのは、自分の「信念」を貫くその中学校の生徒指導担当の教師です。

　子どもには、成長の力が宿っている。それを信じ

て「信頼と期待の言葉がけ」をし続けることが教師の仕事。

　そんな信念を持ったこの先生は、どんなに手を焼く生徒にも、「信頼と期待のメッセージ」を送り続けました。

　たとえば、今の両親がいやだから、自分は早く結婚して子どもをつくって、「理想の家庭」をつくりたい、と言っていたある生徒に対しては、「お前さ、早く父ちゃんになりたいと言ってたよな。お前ならなれると思うんだよなあ。お前ならなれると思うんだよな」。こんな言葉を何度も繰り返して「君には期待している」というメッセージを届け続けたのです。

　この言葉がじわじわ届いたのか、生徒は次第に、穏やかに変化していきました。

　人間不信でいっぱいだった生徒に、人を信じてみよう、そんな姿勢が生まれてきたのです。

　読者の先生方も、生徒とのかかわりや学級づくりで、いくら頑張っても、うまくいかないこともあるでしょう。なかなか変わらずに、手ごたえを感じられない生徒もいることと思います。

　それでいいのです。すぐに結果が得られなくても、かまいません。

　大切なのは、そんな生徒を「決して切らない。見捨てない」こと。「いくらこちらの期待が裏切られても、見捨てない」──こんな姿勢さえ崩さずにかかわり続けていれば、いつか生徒に伝わるはずです。

もろとみ・よしひこ　明治大学文学部教授。教育学博士。日本トランスパーソナル学会会長、日本教育カウンセラー協会理事、日本カウンセリング学会認定カウンセラー会理事、日本生徒指導学会理事。気づきと学びの心理学研究会アウエアネスにおいて年に7回、カウンセリングのワークショップ（体験的研修会）を行っている。教師を支える会代表、現場教師の作戦参謀。臨床心理士、公認心理師、上級教育カウンセラー、ガイダンスカウンセラー、カウンセリング心理士スーパーバイザー、学校心理士スーパーバイザーなどの資格を持つ。単著に『教師が使えるカウンセリングテクニック80』（図書文化社）、『いい教師の条件』（SB新書）、『教師の悩み』（ワニブックスPLUS新書）、『教師の資質』（朝日新書）ほか多数。テレビ・ラジオ出演多数。ホームページ：https://morotomi.net/ を参照。『速解チャート付き 教師とSCのためのカウンセリング・テクニック』全5巻（ぎょうせい）好評販売中。

誌上ワークショップ！
目からウロコの働き方改革

先生の幸せ研究所 学校向けの業務改革・
組織風土改革コンサルタント
大野大輔

[リレー連載・第5回]

だれもが、何かの改革者になることができる

「1人の10歩より、10人の1歩」という言葉を、尊敬する先輩からいただきました。カリスマ的な改革者1人が推進し、いくつも改革を成す例もあります。これはもちろん素晴らしいことですが、実際にはカリスマ的な改革者がいない職場がほとんどです。

働き方改革と聞くと、「管理職や行政が進めること」という捉えをされることもあり、当事者どころか、「うちの学校の校長は、本当に改革をしてくれない」とむしろ第三者として嘆く声を聞くこともあ

ります。でも見方を変えれば、その嘆きはチャンスです。「変わってほしい」という願いがあるからです。愚痴や嘆きの裏には、必ず改革の糸口があります。つまり、「だれもが、何かの改革者になることができる」と確信しています。

では、どうすれば改革の当事者を増やすことができるのか。そのカギは「日常的な対話」です。【図1】をご覧ください。これらは、私が日常的な対話を中心に働き方改革を進めたことで実現できた改革のまとめです。

これらは、大きなワークショップをしたわけではなく、日常的な対話の中から生まれたアイデアをアクションにつなげた、改革の当事者6名の方々の成果です。さらに「いつでも、どこでも、だれでも実践できる対話」ですので、みなさんの職場でも実践してみてください。

日常的な対話の中で実現した改革一覧

Before	After
4月初日から会議が多数	4月の最初の週の会議を最小限で授業準備時間の確保
教育計画が紙ベースで変更の度に差し替え	教育計画のICT化 3部だけ印刷してファイリング
通知表を勤務時間外に作成	通知表作成週間4時間
低学年が4月から5時間目までで下校	低学年は4・5月中、4時間目までで下校
職員夕会を週2回実施	職員夕会を週1回実施
授業時数を標準時数の140%実施	授業時数を標準時数の105%まで削減でゆとりづくり
下校時刻15時20分	下校時刻14時30分に変更（夕方の学び場の充実）
保護者会 年4回	保護者会 年2回
学年ごとに「学年だより」を作成配布	学年だよりを廃止し、学校だよりに全学年の情報を一本化
通知表の欄に所見欄が3つ	外国語活動・総合的な学習の時間はタイトルのみに簡易化
通知表印鑑欄に保護者と教員が押印	通知表の印鑑欄の廃止
水泳授業で検定実施	水泳の検定廃止
学芸会等で場面絵作成などの負担	高機能プロジェクター購入で作成の手間削減
学校公開時に持久走・長縄大会実施	持久走・長縄大会廃止
課外活動の朝練習が週3回	課外活動の朝練習を廃止
給食に濃厚接触者が増加	給食の透明フィルム導入
毎年紙資料や集会で共通理解を図る	体育関係の共通理解を動画で保存、毎年それを活用
担任1人で責任をもって授業をする	部分教科担任制を推進し、負担も責任も分散し、質も向上
道徳交換授業推進	道徳交換授業を推進し、負担も責任も分散し、質も向上
クラス担任ごとに教材研究	合同授業を推進し、教材研究の負担を軽減し、質も向上
会議資料が紙ベース	会議資料・実施案のPDF化を図り、いつでも資料が確認可能
紙の連絡帳でのやりとり	連絡帳・保護者とのメッセージやりとりのICT化
集会・朝会で対面実施	集会・朝会などのオンライン化
個人面談では必ず対面実施	個別懇談のオンライン可能化により、どこからでも参加可能
学校評価を紙で実施	学校評価Googleフォーム化
特別教室の予約を職員室まで来て確認	特別教室割り当てや予約をタブレットで見られるICT化
膨大な量の校内研究提案の作成	校内研究指導案A3を1枚のみ
年間講師や研究主任が決定	講師を授業者が選べる
分科会提案を作成し、発表	分科会提案無しで、体験が型のワークショップ化
研究の教科をひとつにしぼって研究	研究の指定教科無し
校内研究授業のために膨大な準備を実施	校内研究授業を廃止し、プロジェクト的に日々觀合い学び合う
テスト＆ノートは必ず購入	テスト＆ノートは購入を学年裁量で決定
研究紀要作成に膨大な時間をかける	研究紀要作成廃止
宿題は3点セット（漢字・計算・音読）	主体的な家庭学習への転換
ランドセルのみ	ランドセルかリュックを選べる
卒業対策委員の仕事が膨大過ぎて不人気	卒業対策委員の仕事大幅削減
保護者自担の実費購入が多い	学校予算で購入する物を増やす 例）彫刻刀など
引率は教員のみで行う	引率協力隊として保護者が気軽に参加できる

【図1】 校内の働き方改革成果一覧として先生方へ共有したもの

● 改革の当事者を増やす対話

[対話の流れ]

> 1 理想と現在地のギャップに気付く対話
> 2 自分の分掌に関する裁量権を探る対話

1 理想と現在地のギャップに気付く対話

「毎日勤務時間の中で1時間、好きなことに使える時間があったら何をしたいですか？」この問いはワクワクを引き出すことができます。「そうだ。私はこれがやりたいから先生になったんだ」と、しまっていた自分にとって本当に価値のある時間が一

おおの・だいすけ 大学卒業後、東京都足立区立小学校で７年間勤務し、トップダウンではなくボトムアップによる校内の業務改善・行事の在り方の問い直しを手掛ける。その後、東京都北区立小学校へ異動し、研究主任として対話を中心とした校内研究変革を実施。ここ数年は自校のみならず、改革の当事者を増やすミドルリーダーとして、「月曜日に子どもも大人も来たくなる学校」を増やす仕事にシフトしつつ、その取り組みを全国に広げるために先生の幸せ研究所パートナーコンサルタントとして兼業している。

【図２】働き方改革で描く未来図（山本崇雄著『「学びのミライ地図」の描き方』学陽書房、2022をもとに作成）

人一人にあるはずです。

この問いにより、ワクワクと理想と現在地のギャップに気付くことができると考えています。すると、働き方改革の必要感をもつことができ、「そのためにはどうしたらよいのか？」と当事者へ誘えると考えます。

【図２】をご覧ください。このツールは右上に理想の状態を描き、左下に現在地の状態を表します。その後に、左上には自助（自分自身で行う働き方改革）をブレスト的に挙げ、右下には共助（みんなと話し合って行う働き方改革）について挙げます。重要なことは、これを対話に生かすことです。「たしかに、その未来いいですね！」「どうしたら１時間を生みだせますかね？」「これは手放すことができるかも」「夕会をICT化するのはどうかな？」などと、「いいね！」を合言葉に対話に生かしましょう。

２　自分の分掌に関する裁量権を探る対話

働き方改革の必要感を共有することができても、「でも、実際は変えられないことが多いからなぁ」という状態では進みません。そこで、一人一人の分掌に関して裁量権を探る対話をしてみましょう。伴走者として、問いかけたり、共に探ったりすることで、当事者を増やすことができます。特に〇〇主任と役職がついている方ほど、裁量権が大きいので、

その方々をまずはターゲットにするとよいです。校内研究主任を例に、裁量権を探る対話について説明します。

①　裁量権を問い直す「問い」

本校では【写真１】のようなサロンというとても小さなカフェスペースがあり、そこで対話が自然と始まることがあります。そこで例えば、「校内研究って、"こうしなければいけない"っていうきまりってあるんですかね？」と井戸端会議的に研究主任の方に問いかけてみます。すると、「んー学校によって異なるし、かなり自由度は高いのかもね」と、裁量権を問い直すことができます。

【写真１】サロン

②　裁量権に関する情報収集

その後、一緒に調べると、かなり裁量権があることに気付きます。指導案を簡易化した学校、研究授業を廃止し学びたいことを一人一人が決めて行うプロジェクト研究的な学校など「研究主任によって、在り方を変えることができる」ことを知ることができます。

③　変えたいことを決める

裁量権を知った後は「何か変えたいことはありますか？」と問い、一つ決めてもらいます。その後、そのための根回しや資料作成に伴走する中で、その方は改革の当事者になっているはずです。

働き方改革と聞くと、重たいイメージをもつ方がいます。だからこそ、ワクワクから出発したり、日々の何気ない対話から始めてみたりすることが重要です。「１人の10歩より、10人の１歩」を合言葉に、日常的な対話を大切にし、当事者を少しずつ増やしていきましょう。

直言
SDGs×学校経営
〜ニューノーマル時代のビジョンと実践〜

［第5回］

SDGsが自分ごとになっていますか？

学校法人湘南学園学園長　**住田昌治**

SDGsが大切にしていること

「どうすれば我々の社会を安心・安全にし、住みよい世界に変えることができるのだろうか？」

2023年を迎えた今、世界中の多くの人が考えていることだと思います。戦争が始まってしまえば、終わらせることは難しいですし、自らの命は自らが守らなければなりません。自然を破壊してしまえば、もはや元には戻りませんし、その影響や被害は世界の多くの人に及びます。気候が変わってしまえば、災害が増えますが、荒れる自然に対して、打つ手はなく、抗うことなく適応していくほかありません。SDGsで大切にしていることは、「誰一人取り残さない世界をつくる決意」です。今こそ、自分自身および自分たちの幸せを実現するのは勿論のこと、国や世界、80億人の幸せを願い、すべての人が自分にできることを考える「自分ごと」にして行動を起こすことが求められています。

なぜ今、持続可能性が話題になっているのか、こんなにSDGs達成に向けた取組が盛んに行われているのか、小学校の教科書にまで登場するようになったのか、考えてみる必要があります。持続可能性の問題は、突然始まったわけではありません。ずっと昔から、次の世代に自然や資源、文化や経済などを繋いでいくために世界中で持続可能性の教えが引き継がれてきました。では、なぜ今、こんなに騒がれているのでしょう。それは、「もう限界が来ている」「今何もしなければ手遅れになる、タイムリミットが来ている」からです。「我々は、すべての人々の

ためによりよい未来をつくる決意をする」「我々は、貧困を終わらせることに成功する最初の世代になり得る」「同様に、地球を救うチャンスを持つ最後の世代にもなるかもしれない」とも言われています。

私たちは、2015年に国連で決議されたSDGsを、持続可能な社会創りという視点から自分ごととして捉え、考え、試行錯誤しながら行動していかなくてはなりません。そして、2002年に国連で決議されて世界で取り組むことになったESDは、地球社会を持続不可能にしつつある価値観や行動、ライフスタイルに影響を与えてきた旧来の教育の在り方自体を変えていくことだと言われてきました。

SDGsは、もうすぐ半ばを迎えます。時々SDGs/ESDをテーマにした研修会や講演会をすることがありますが、こんな質問をすることがあります。「SDGsは2030年までに達成できると思いますか？」皆さんは、どのように答えられるでしょうか？　これまで、校長、教頭、教職員、経営者……様々な大人に聞きましたが、皆さん無言でした。小学生に聞かれた時も、同じ答えをしますか？　小学生には「SDGsを達成するために自分にできることを考えて行動しましょう」と教えている先生は、どのようにお考えでしょう。子どもに「先生は、SDGs達成に向けて何かやっているんですか？」と聞かれたら、何と答えるのでしょう。大人は「どうせ無理」と決めつけて動き出していない人が多いのかもしれません。「SDGs/ESD？　ああいうのは嫌なんだよね」と、いまだに言っている先生もいますが、「SDGs/ESDをやらない」選択肢は、もうないのです。

すみた・まさはる 学校法人湘南学園学園長。島根県浜田市出身。2010〜2017年度横浜市立永田台小学校校長。2018〜2021年度横浜市立日枝小学校校長。2022年度より現職。ホールスクールアプローチでESD／SDGsを推進。「円たくん」開発者。ユネスコスクールやESD・SDGsの他、学校組織マネジメント・リーダーシップや働き方等の研修講師や講演を行い、カラフルで元気な学校づくり、自律自走する組織づくりで知られる。日本持続発展教育（ESD）推進フォーラム理事、日本国際理解教育学会会員、かながわユネスコスクールネットワーク会長、埼玉県所沢市ESD調査研究協議会指導者、横浜市ESD推進協議会アドバイザー、オンライン「みらい塾」講師。著書に『カラフルな学校づくり〜ESD実践と校長マインド〜』（学文社、2019）、『「任せる」マネジメント』（学陽書房、2020）、『若手が育つ指示ゼロ学校づくり』（明治図書、2022）。共著『校長の覚悟』『ポスト・コロナの学校を描く』（ともに教育開発研究所、2020）、『ポストコロナ時代の新たな学校づくり』（学事出版、2020）、『できるミドルリーダーの育て方』（学陽書房、2022）、『教育実践ライブラリ』連載、日本教育新聞連載他、多くの教育雑誌や新聞等で記事掲載。

「何かを始めるのに大人になるまで待たなくていい」と、多くの若者が立ち上がり、子どもたちも一緒に動き始めています。私は、長年ESDに関わってきましたので、そんな若者の話を聴く中で、その考え方と行動力に感銘を受け、若者から学ぶことが多くありました。SDGsは、年齢に関係なくパートナーシップで実現していくものでもあります。お互いをリスペクトし合い、話し合い、共に課題解決に向けて行動を起こすことが肝要です。

若者たち、子どもたちは言います。「一人一人が行動を変えればまだ人類の未来は救えるかもしれない。まずは自分が変わるということ。SDGsはそれを私たちに呼び掛けている」。

昨年度、学校法人湘南学園小学校4年生と環境活動家でラッパーの神澤清さんが、協賛企業の協力を得て作り、YouTubeで発信した「未来への風」の歌詞には、素敵な言葉がちりばめられています。この歌詞は、子どもたちが活動してきた中で感じたこと考えたことを言葉にして繋いだものです。コロナ禍で、子どもたちが参加して作品に仕上げることは大変なことだったと思いますが、大人社会に大きな影響を与えました。

今、学校経営においても、学校教育においても、若者、子どもたちの声に耳を傾け、子どもたちの意見を取り入れていくことがSDGs達成には欠かせないのです。持続可能な社会は、持続可能な学校から、そして、子ども

湘南学園小×ラップシンガー
SDGsの風「未来に届け」
オリジナルソングを制作

神澤さん（左）の指導でレコーディングに臨む児童ら

たちの参画によって強靭なものになるのです。「未来への風」のミュージックビデオは、右のQRコードを読みとってYouTubeでご覧ください。

「未来への風」 Kiyoshi Kanzawa（with 湘南学園小学校）

ねえ先生なんで？尋ねてみる 笑ってたはずの海が泣いてる 原っぱに咲いてた花 地球の声僕に語りかけた 閉じた教科書飛び出した教室 今日は怖いけど勇気出し前を見る 見えない怪獣燃える町中 ゴミで埋まっちゃいそうな世界地図 目の前に立つ黒い波が 大きく見えてしまってたんだ 七夕サンタに神様 願っても叶わなかったんなら 今君と動くのさ 手と手繋いで希望が見えたら "また今度"ってなカラクリを越えて大人になるのも待たずにいこう

未来に向かって吹かしてく風 どこまでも遠くへ遠く 未来の先の先まで届けよう

未来の海もどこまでも青く光るように 本気で叫んでる人たちの声を聞いて

僕は今何を思う？ 正義ばかりじゃないこの世の中で 平和思う気持ち子どものまま

この世界で一番の教科書は just do it で動く大人の背中

集合だ嵐を巻き起こせ！ 小さな愛こそが台風の目 鏡の自分指さす革命

痛いけど見つめる 自分の弱さと可能性 まだこの星を守れるなら

Ah 今何が出来るのかな？ 1人じゃない この風はあなたの元に届きましたか？

未来に向かって吹かしてく風 どこまでも遠くへ遠く 未来の先の先まで届けよう

100年後の歴史の教科書 あれは確か令和の初期のころ 立ち上がり出す世界の若者

先走る大人たちとの共創 海と森は輝き取り戻し 他の生き物たちとも笑い合い

未来への風はここまで届き スペシャルで普通の日が続くように

〔第5回〕

授業の事例研究で大事にしていること（5）
授業実践を見るということ、何を見るのか

学びの共同体研究会
佐 藤 雅 彰

沖縄県国頭村の授業革新

　沖縄県国頭村（くにがみ）では、「子ども一人ひとりの学びを保障する」授業づくりを村内のすべての小中学校で実践し、本年度で12年目になる。

　継続に当たっては、宮城尚志国頭村教育長の他に神元勉（元名護市立東江中学校長）、島袋賢雄（元名護市立東江中学校長）などの方々が中心となって「『探究』と『協同』のある学び」について互いに学び続けて今に至っている。

　今回（2022年11月14日～）、国頭村立国頭中学校（新垣博文校長）、奥間小学校（豊里寿校長）、辺土名小学校（佐藤繁校長）と名護市立東江中学校（具志堅勝司校長）を訪問した。印象的だったことは、コロナ対策を講じながら、ペアやグループ活動などの手段を活用して、どの学校でも探究的で協同

写真1

写真2

的な学び合いが行われ、安心が生まれる教室を作り上げていたことである。

　写真は、国頭中学校（**写真1**）、奥間小学校（**写真2**）の授業風景である。

　以下、2021年度訪問時の実践事例を紹介する。

【実践事例】沖縄県国頭村立辺土名小学校
小学校3年　「外国語活動」
　　　　　　山里莉央教諭（現在那覇市立城西小学校）
　　　　　　　　　　　　（2021年11月17日実施）

（1）小学校における外国語活動について

　小学校の現行の外国語教育は2020年より始まった。3・4年生の「外国語活動」は、「聞くこと」

「話すこと」を中心とし、外国語活動を通じて外国語に慣れ親しむことをねらいとする。また、「高学年から発達の段階に応じて段階的に文字を『読むこと』及び『書くこと』を加えて総合的・系統的に扱う教科学習を行う」こととされている（文部科学省「小学校外国語活動・外国語：研修ガイドブック」2017年）。

（2）どう「外国語」と出会わせるか

山里先生の本時の目標は、「活字体の大文字とその読み方に慣れ親しむ」である。そのためには、子どもたちが「文字をもっと知りたいと思う」状況を設定することが大事になる。それが学習の流れに準備されていた。

あいさつ・ルール	Let's sing a song.（7つのルール）
共有問題（授業の前半）	アルファベット並べ及び身の回りのアルファベットを使いスモールトークができる。
ジャンプ問題（授業の後半）	アルファベットの文字の形に注目して自由に仲間わけをする。

① 「Let's sing a song.」から学べたこと

多くの学校では、「How are you?」のあいさつの後、英語の歌が定番である。けれどもモチベーションを高めるねらいが、形式的な活動になっていることがよくある。しかし、山里先生の「Let's sing a song.」はひと味違っていた。歌の題名は「7つのルール」で、山里先生とALT（マベル先生）

写真3

のアイディアだという。

子どもたちは、マベル先生の「ルールNo.□」の問いかけに写真のように動作を加えて楽しく歌っていた（**写真3**）。

② 歌　詞

ルールNo.1	Listen carefully
ルールNo.2	Make eye contact
ルールNo.3	Speak up
ルールNo.4	Don't be shy
ルールNo.5	Mistakes are okay
ルールNo.6	Help each other
ルールNo.7	Wear your mask

「英語に慣れ親しむ」といっても週ひとコマの外国語活動である。しかも3・4年生で「聞く力」「話す力」を養うにはペアによるコミュニケーションの経験が重視される。何かを知ろうとし、相手の話を聞いたり話したりする対話の場では、どんなことを言っても「許される」関係が必要である。「7つのルール」は、それぞれが自己存在感をもち、共感的な人間関係を作りあげる基盤になる。そこに私は心を動かされた。

外国語活動の「聞く」「話す」活動で大事なことは、短時間であっても思考する場面を設定すること

（1）「I like □.」の復習

　山里先生が、マベル先生に「What food do you like?」と質問する。するとマベル先生は、「I like アボガド」「アップル」「バスケットボール」「クレヨンしんちゃんとヒマワリ」と。私は「I like □.」の使い方を訓練する活動だと思っていたが、子どもたちは、マベル先生の好きな物に共通した色に注目し、一斉に「yellow」と答えた。母語を覚えるとき、親とコミュニケーションを図りながら言葉の概念を拡げていくことに似ている。

（2）どうアルファベットと出会わせるか

　アルファベットの学びでは、よく「A・B・C」の歌を歌う。発音と暗記が目的である。山里先生は、アルファベットを機械的に発声するのではなく、発声しない場面（**写真4**でいうと、B・E・K・P・T・Zは発声しない）を設定し、意識して「話す」工夫をされた。

　一般的にはアルファベットのカードを見せながら「What is this?」と問うことが多い。カード抜き

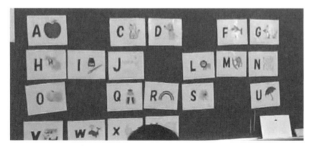

写真4

写真5

の歌はリズムとテンポがあり楽しく歌っている姿がよかった。

　さらに山里先生は電子黒板上（**写真5**）に様々なお菓子の箱を提示し、マベル先生に「What "お菓子" do you like?」と尋ねる。マベル先生は「I like P.」とだけ答えた。

　子どもたちは積極的に「Pinoだ」とか「Pockyだ」と声を上げる。答えが出そろったところで、マベル先生が「I Like Pino.」と言い直すと、子どもたちから歓声が上がった。「聞く」「話す」外国語活動では、手段としてペア活動が多い。その場合、教科書に記載されたQ&Aだけではなく、このように「思考する時間」を短時間でも保障する学びにしたいものである。

　中学校でも同様である。例えば、子ども同士で「Where do you want to go ?」と質問し合う。子どもたちは、どこに行きたいのかを画面上（**写真6**）の場所から選択し、なぜその場所なのかを英語で表現する。北海道であれば「スキー」だとか、自分なりの理由を伝え合うことを大事にする。

さとう・まさあき　東京理科大学卒。静岡県富士市立広見小学校長、同市立岳陽中学校長を歴任。現在は、学びの共同体研究会スーパーバイザーとして、国内各地の小・中学校、ベトナム、インドネシア、タイ等で授業と授業研究の指導にあたっている。主な著書に、『公立中学校の挑戦―授業を変える学校が変わる 富士市立岳陽中学校の実践』『中学校における対話と協同―「学びの共同体」の実践―』『子どもと教室の事実から学ぶ―「学びの共同体」の学校改革と省察―』（いずれも、ぎょうせい）など。

写真6

アルファベットの文字の形に注目して観察し、夢中になってアルファベットの特徴を探究する（ジャンプ問題）

　子どもは、アルファベットを単調に覚えるだけでは飽きてしまう。リズムとテンポのある学びは、本時のねらいである「アルファベットの形に注目して仲間わけをする」ゲーム活動に移った。この言語活動にも考える時間の工夫があった。

　まず2人の先生が写真7のように好きな文字を選び、「これらの文字に共通したことは何か」と質問する。子どもたちは、どういう意図で

写真7

選択（仲間わけ）したのか「わからない」が大勢だった。山里先生（RIO）の選んだ文字は「全部まるっこい線」がある。またマベル先生の場合は「全部たて線」があると解説を聞いてから、ペアで仲間の選んだカードの特徴を考え合う。

　子どもたちは「E,T,Z,F」「O,U,D,J」「W,M,V,N」「A,W,V,Y」……と選択するが、「自分らしさ」は仲間との学び合いの中で生まれてくる。子どもたちが考えた「たてとよこの線でできている」「まるっ

こい字でできている」「ななめ線でできている」は、文字を丁寧に観察することでアルファベットをより深く学ぶことにつながっていた。

子どもが一番夢中になった時

　子どもたちは様々な仲間わけをしたが、その中から先生が選んだのは写真8である。子どもたちは「わからない」と言う。

写真8

　一人で解けないから仲間と協同で探究し合うことになる。先生のヒントは「文字を見る方向を変えるといい」であった。ある子どもは写真9のように下から見ることに挑戦し、「同じ形になる」と気づいた。

　小学校の外国語活動では、音声による言語活動をどう組織するかは大切である。けれども音声なしであっても文字の特徴を丁寧に観察しながら英語を学ぶ楽しさを体験できる。これも「文字に慣れ親しむ活動」だと思わずにいられない。

写真9

「虐待＝速やかに通告」の先にあるもの

学校・教師にできることはそれだけ？

　12月6日についに『生徒指導提要』（改訂版）が公表されたが、改訂版では新たに、家庭の子育て上の困難に関連して、児童虐待に加え、貧困やヤングケアラー、社会的養護などのトピックが取り上げられている。そのことは望ましいことであり、特に貧困やヤングケアラーに関しては、短い紙幅に重要な内容がちりばめられていると感じた。しかし、児童虐待の章に関しては、読後のモヤモヤがどうしてもぬぐえなかった。

　児童虐待の章の中では、学校・教師がとるべき対応として、虐待の積極的な発見と通告、「要保護児童対策地域協議会」（通称「要対協」）での情報提供などが記されている。なかでも繰り返し強調されているのが、「少しでも虐待と疑われるような点に気付いたときには、速やかに児童相談所又は市町村（虐待対応担当課）に通告」（p. 171）というメッセージである。たしかに「児童虐待の防止等に関する法律」にのっとれば、虐待を受けたと思われる子どもについては、速やかに児童相談所や市町村に通告する必要がある。法律で定められている以上、「虐待＝速やかに通告」は、学校・教師がとるべき必須の対応だといえる。

　しかし、学校や教師には他にも果たすことのできる大事な役割があるのではないだろうか。虐待の徴候を発見し、速やかに児童相談所や市町村に通告し

たとしても、子どもの保護へと移行するケースはまれであり、多くの場合在宅での支援となる。学校や教師は、虐待を発見・通告し「要対協」に情報提供をするだけの存在ではなく、通告後も子どもや保護者と密な関わりを続けていく、子どもの育ちにとってのキーパーソンであるはずだ。

　以下では、生徒指導提要には十分に書き込まれていない、「虐待＝速やかに通告」の先にある子ども・保護者との関わり方について、2点にわけて述べていきたい。

受容をベースにした生徒指導

　1点目は、虐待を受けている、あるいは虐待が疑われる子どもに対する生徒指導である。改訂生徒指導提要では、生徒指導上の課題としてしばしば見られる虐待の影響として、「小学校低学年からの窃盗や激しい暴力、家出、いじめの加害の繰り返し、薬物などへの依存、自傷行為や摂食障害、自殺企図」（p. 178）などが示されている。また、「それらの症状は思春期に増悪しやすく、加えて何度指導や治療をしても改善が難しい」（p. 178）のが特徴であるという。しかし、それらの課題をふまえて虐待を受けている子どもにどのように生徒指導を行っていけばよいのかについては、なぜか記されていない。

　ただし他の章では、上記の課題を示す子どもへの関わり方が数多く示されている。それらに共通する

東京学芸大学准教授
伊藤秀樹

● Profile ●

いとう・ひでき　東京都小平市出身。東京大学大学院教育学研究科博士課程単位取得退学、博士（教育学）。専門は教育社会学・生徒指導論。不登校・学業不振・非行などの背景があり学校生活・社会生活の中でさまざまな困難に直面する子どもへの、教育支援・自立支援のあり方について研究を行ってきた。勤務校では小学校教員を目指す学生向けに教職課程の生徒指導・進路指導の講義を行っている。著書に『高等専修学校における適応と進路』（東信堂）、共編著に『生徒指導・進路指導──理論と方法　第二版』（学文社）など。

のは、子どもの行動の裏にある苦しみや悩みを受け止める、受容的な態度である。たとえば、窃盗をはじめとした非行については「児童生徒の隣に立って接するという姿勢」（p. 165）、いじめの加害については「いじめる児童生徒が内面に抱える不安や不満、ストレスなどを受け止めるように心がけること」（p. 136）、自殺の危険の高まりについては「児童生徒の声をしっかりと『聴く』こと」（p. 200）が大切であると記されている。

　虐待を受けている子どもの中には、家庭の中で受容されているという感覚をもてない子どもが少なくないかもしれない。教師の生徒指導は、子どもの満たされていない被受容感を埋めていくような関わりをベースとして、すぐには変わることができない子どもの立場を理解しながら、粘り強く進めていく必要があるだろう。

保護者を支えて子どもを守る

　２点目は、虐待通告後の保護者との関わりである。学校や教師は、子どもの成長を伝え合い、保護者の支えになることを通して、子どもを守ることもできるのではないだろうか。

　海外に目を向けてみると、虐待問題に対応する方法は「虐待＝速やかに通告」以外にもありうることがわかる。日本やアメリカのように虐待の通告や子どもの養育者からの保護を軸とする「児童保護システム」を採用する国もあるが、スウェーデンやオランダ、フランスなどでは、「家族サービスシステム」と呼ばれるような別の虐待対応が行われている。そこでは、「適切な援助があれば家族は機能する」という考え方に立ち、親子関係のためのサポートと子どもへのケアの提供を充実させることで、虐待を防ごうとしている（詳しくは、上野 2022）。こうした「家族サービスシステム」のあり方からは、適切な心理的・福祉的サポートが受けられさえすれば虐待に至らずにすむ保護者が、かなりの数いる可能性がうかがえる。

　しかし日本の実態としては、虐待の背景として保護者の孤立ということがたびたび取り上げられている。そして、虐待の通告は、保護者の不安やそれによる孤立をさらに深めていくことになるかもしれない。そうしたなかでも教師は、さまざまな場面で保護者とコミュニケーションをとる立場にある。その際に、子どもの成長や前向きな姿を積極的に伝えていくことで、少しずつ信頼関係を育んでいくことはできないだろうか。そして、前向きに子育てに臨むための心の支えを提供すると同時に、スクールソーシャルワーカーや福祉サービスなど、他の支援につながるきっかけも作ることはできないだろうか。

　「困った子」は「困っている子」かもしれない。よく耳にするその言葉を応用するならば、「困った保護者」も「困っている保護者」かもしれない。適切な心理的・福祉的サポートさえあれば虐待の状態から抜け出せる保護者も、中にはいるのではないだろうか。そうした保護者が支援の輪に足を踏み入れるきっかけ作りの役割も、教師にできることの１つに数えてよいように思う。

[引用・参考文献]
• 上野加代子著『虐待リスク─構築される子育て標準家族』生活書院、2022年

ひとみ輝く子どもの学びを目指して
～「9つの力」を育む単元づくり～

福島県福島市立福島第三小学校

未来を切り拓く総合的学習
Pioneer-No.5

本校は「やわらかな感性で、しなやかに学び合う子どもの育成」を研究主題とし、24年間教育研究を続けてきた。そして全職員が「子どもは望ましい集団の中で、他者との関わりを通して育っていくものである」という理念を共有し、日々の教育活動を行っている。また、福島市の中心部に位置し、北は吾妻山を水源とする松川、東は阿武隈川、南は中心市街地、西は本市のシンボルである信夫山に囲まれた、都市と自然のよさを兼ね備えた学区にある。県文化センターをはじめ、市営の音楽堂、野球場、陸上競技場、プール等、文武にわたり豊かな教育環境に恵まれた場所に立地している。

育成を目指す「9つの力」

本校では、一昨年度、目指す資質・能力を、教育目標の「知」「徳」「体」の3観点と学習指導要領に示された「知識及び技能」「思考力、判断力、表現力等」「学びに向かう力、人間性等」の3つの柱からそれぞれ分類・検討し、独自の「9つの力」として整理した（**資料1**）。そして、この「9つの力」

を発揮する学びの姿を「ひとみ輝く子どもの学び」（**資料2**）と定義づけ、この具現を目指している。

【ひとみ輝く子どもの学び】
① 「高鳴る学び」（主体的な学び）
　「人・もの・こと」に主体的にかかわり、自ら問いを見いだし、粘り強く追究を続ける子どもの学び。
② 「高め合う学び」（対話的な学び）
　多様性を認めながら、友だちと共に最適解を創り上げようとする子どもの学び。
③ 「つなげる学び」（深い学び）
　これまでの経験や既有の知識及び技能と関連付けながら、考えを深めたり、よりよい自分を求めようとしたりする子どもの学び。

資料2　ひとみ輝く子どもの学び

具体的には、「学びを深める三要素」（学ぶ必要感がある、問いや見方・考え方を共有する、学びの履歴を生かす）を踏まえた教師の働きかけと、子どもたちの学びを見取る3つの視点（高鳴る学び、高め合う学び、つなげる学び）をキーワードに、特に「単元を通して子どもを見取る眼」を大切にしながら単元をつくり、授業改善を行っている。

	〈確かな学力の向上（知）〉共に学ぶよさを味わいながら、主体的に追究し続ける子ども	〈豊かな人間性、社会性の育成（徳）〉自他のよさを認め、よりよい人間関係をつくることのできる子ども	〈体力の向上と健康・安全（体）〉自他の健康や安全に関心をもち、進んで運動・行動する子ども
生きて働く「知識及び技能」の習得	・既得の知識及び技能と関連付けながら獲得した、様々な場面で活用できる知識及び技能	・様々な実践を通して獲得した、互いのよさを生かして協働するための知識及び技能	・危険から自他の身を守り、健康を保つとともに、自分の体力を高めるための知識及び技能
未知の状況にも対応できる「思考力、判断力、表現力等」の育成	・自ら問いを見いだし、多面的・多角的に考えながら、友だちと共に最適解を創り上げ、表現する力	・相手の考えに共感したり自己を表出したりしながら、自己理解や他者理解を深め、よりよい人間関係を築く力	・自分の課題を設定し、その場の状況や自分を取り巻く環境や心身の状態に応じて判断し、行動する力
学びを人生や社会に生かそうとする「学びに向かう力、人間性等」の涵養	・「人・もの・こと」に主体的にかかわり、多様性を認めながら、共に学ぼうとする態度・自らの学びを振り返り、粘り強く学び続けようとする態度	・自己への気付きを深め、あこがれに向かって、自己の感情や行動を統制しながら成長しようとする態度・寛容な心で他者のよさに目を向け、多様性を尊重しようとする態度	・体力向上や健康保持に、主体的かつ協働的に粘り強く取り組もうとする態度・基本的生活習慣や望ましい食習慣及び安全などについて、正しい判断に基づき、自己を統制しようとする態度

資料1　育成を目指す「9つの力」

5年「そなえよう、つなげよう！ 第三地区を災害から守れ！ GO 5レンジャー出動！」の実践より

本単元では、

> 第三地区の防災の取り組みを自分事として考え、災害に備えた今後の生活を考えることができる子ども

の育成を目指し、実践を重ねてきた。

（1）単元づくりのこだわり

普段の生活の中で、子どもたちが防災に関心をもつことはあまりない。これまで大きな災害に見舞われてこなかったことも、その理由の一つであろう。しかし、突然襲ってくるのが災害であり、災害が起こってから備えをしたのでは手遅れである。そうした実態を踏まえ、豊かな地域資源を生かした調査活動の充実を図ることが大切だと考えた。ゲストティーチャーとの対話やフィールドワークといった調査活動を単元の中に計画的に取り入れることで、第三地区の災害の危険性に本気で向き合い、防災の取り組みを自分事として探究していくことができるように本単元を構想した。

（2）東日本大震災を探究課題とするために

単元の導入では、「移住したい都道府県ランキング」で福島県は何位だと思うかを問いかけた。2010年まで5位にランクインしていた福島県が、2011年からランク圏外という結果になっており、子どもたちは「なぜなのか」という問いをもった。啓介を含む数人が「東日本大震災が起こったからではないか」と予想を立てていた。その予想を全体で共有することで「東日本大震災とはどのような災害だったのか」という、今後の学習につながる問いが子どもたちの中に生まれた。

東日本大震災当時、子どもたちは生まれていない。しかし、当時の被害等について「親から聞いたことがある」という発言をきっかけに、まずは家族にインタビューを行い、情報を集めることになった。家族にインタビューをしたことで、大震災に関する知識が増えるとともに、そこから新たな問いが生まれた。「第三地区の施設や人々はどうだったのか」という問いである。子どもたちにとって、東日本大震災が「知りたい課題」となった瞬間である。

（3）防災へ関心を向けていく子どもたち

東日本大震災について興味をもった啓介。震災当時の様子や被害について、家族にインタビューを行う中でたくさんの問いが生まれていた。「第三小学校は大丈夫だったのか」「避難はどのようにしたのか」などである。啓介と同じように、子どもたちがもった問いを全体で共有する中で、子どもたちの中に「詳しく話を聞いてみたい」という思いが生まれた。それらの問いを解決すべく、子どもたちが決めた警察官、医師、原発避難の方、農家、ガソリンスタンド勤務、消防団の6人のゲストティーチャーから話を聞いた。話を聞く啓介の眼差しは真剣そのものだった。「話を聞きたい」という必要感があった

	1位	2位	3位	4位	5位	6位	7位	8位	9位	10位
2021	長野	静岡	山梨	沖縄	千葉	北海道	岡山	大分	兵庫	岐阜
2020	長野	静岡	山梨	沖縄	千葉	北海道	岡山	大分	兵庫	和歌山
2019	長野	静岡	千葉・沖縄		北海道	山梨	岡山	大分	和歌山	京都
2018	長野	静岡	千葉	沖縄	岡山	北海道	山梨	京都	大分	和歌山
2017	長野	静岡	千葉	山梨	岡山	北海道	沖縄	京都	大分	三重・兵庫
2016	長野	静岡	千葉	岡山	山梨	沖縄	兵庫	北海道	和歌山	島根
2015	長野	千葉	静岡	沖縄	山梨	岡山	北海道	和歌山	兵庫	大分
2014	長野	静岡	千葉	北海道	岡山	山梨	沖縄	兵庫	大分	茨城
2013	長野	静岡	千葉	岡山	北海道	山梨	兵庫	沖縄	群馬	大分
2012	長野	千葉	静岡	岡山	沖縄	北海道	山梨	和歌山	兵庫	栃木
2011	長野	静岡	千葉	北海道	和歌山	山梨	沖縄	岡山	栃木	群馬
2010	長野	千葉	静岡	北海道	福島	山梨	和歌山	栃木	沖縄	茨城
2009	長野	千葉	静岡	北海道	福島	沖縄	栃木	山梨	和歌山	茨城
2008	長野	千葉	北海道	静岡	福島	沖縄	栃木	茨城	山梨	和歌山
2007	長野	千葉	北海道	栃木	沖縄	静岡	福島	茨城	山梨	和歌山
2006	長野	北海道	沖縄	千葉	静岡	和歌山	山梨	栃木	新潟	京都

資料3　移住したい都道府県ランキング

からなのだろう。

実は授業の前に、学年全員で6人の方々への質問を考え、質問内容を共有していた。そして当日は、6つのグループに分かれ、学年のみんなが考えた質問を代表して聞くことになっていた。自身の「避難はどのようにしたのか」という問いだけでなく、友だちの「知りたい」という思いに共感したからこそ、話を真剣に聞こうとする姿がそこにはあった。

集めたたくさんの情報は、カテゴリー分けしながら整理・分析し、共有した。友達の話を聞いた後の啓介の振り返りには、「地域の人のために消防団が避難の指示を出していたことが初めて分かった」「病院はとても大変だったことが分かった」とあった。子どもたちは、インタビューして分かったことを友達と伝え合うことを通して、東日本大震災当時の様子をより詳しく捉えることができた。

啓介のノートには、話を聞いて分かったことがびっしりと記録されており、震災に関する話を自分事として捉え、当時の避難の様子について心を高鳴らせて学んでいたのが伝わってきた。

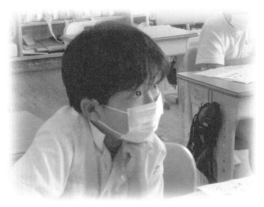

ゲストティーチャーに向けられる真剣な眼差し

さらに、震災当時の話を聞いた啓介は自主学習で、避難に備えた荷物や、避難所での生活について調べてきた。震災の大変さや備えの大切さを感じたことで、次第に防災へと目を向けていった。

（4）第三地区を調査しよう

東日本大震災について学習し、災害の恐ろしさや備えの大切さを感じた啓介。「第三地区は災害に対して大丈夫なのか」という新たな課題に対し、ハザードマップを用いて自宅の水害や土砂災害に対する安全性を調べていた。しかし、啓介の家がある地区は、色が染まっていなかった。

「よかったー。ぼくの家は安全です」

啓介にとって、まず自分の家の安全が第一であり、まだ第三地区全体の安全について考えようとはしていないのかもしれない。この言葉からはそう感じられた。

そんな啓介の意識が変わったと感じたのは、避難所を見学した時であった。そこでは、ペット同伴避難所となっている勤労青少年ホームでテントの設営体験を行い、福祉対応避難所のNCVふくしまアリーナでは、備蓄倉庫内を隅々まで見学していた。

ペット同伴避難所でのテント設営体験

備蓄倉庫を見学

体験や見学を通して、様々な人の存在・状況を考えて防災の取り組みをしていることを知った啓介。これまでの学びの履歴を振り返りながら、これまでに分かった防災対策をハザードマップにまとめた。そして、その授業の振り返りには、次のような言葉があった。

> 今後防災についてもっと詳しくなりたいです。命を守るためにはまず備えることが大切だと思ったからです。防災について、身の周りの人たちに早く伝えてあげたいです。

防災対策を発信していこうとする姿は、自身も含めた第三地区の全ての人々にとって、防災が必要であると捉えているからであろう。これは、防災を自分事として捉えている姿であり、自身も含めた第三地区全体の安全・安心のために自分にできることをしようとする姿でもある。

（5）ひとみ輝く姿

これまで、災害とは無縁の生活だった啓介。「水害や土砂災害があっても大丈夫」と思っていた啓介であったが、防災の学習を進めていく中で、災害の恐ろしさや備えの大切さを感じていった。単元の最後には、「第三地区の防災の取り組みを伝えたい」と心を高鳴らせ、災害への備えを積極的に発信しようとまでしていた。では、本単元で、そのような姿が見られた要因は何であったのだろうか。

「9つの力」に基づいて、ひとみ輝く学びの姿を見取り、それらに基づき、次の調査活動を展開していったことである。このことにより、自ら問いを見出し、追究を続ける「高鳴る学びの姿」や、友達と考えの交流を通して新たな気づきが生まれる「高め合う学びの姿」、そして、学びの履歴を振り返り、自分事として防災に取り組もうとする「つなげる学びの姿」を具現することができた。教師が見取った子どもの姿に基づいて次の展開を考え、単元を構想することで、実生活の問題解決に自分事として取り組む必要感をもち、深く学んでいくのだということを、啓介の姿から学ぶことができた。

（教諭　菅野博信）

福島大学教授　宗形潤子

Adviser's Eye 👀

福島市立福島第三小学校は、福島県内でも有数の研究校として歴史を刻んできた学校である。特に総合的な学習の時間の研究に関しては、平成11年から3年間、文部科学省の研究開発学校として指定を受けたことをスタートとし、現在までその取り組みは、連綿と続けられている。

福島三小に何度も足を運ぶことで感じるのは、「子どもは、望ましい集団の中で他者とのかかわりを通して育っていくものである」理念を全ての教職員で共有し体現していることである。今回の実践にもそれはよく表れており、一人一人の子どもを丁寧に見つめ、その思いを共感的に理解しながら、変化や成長をしっかりと見取っている教師の姿が見えてくる。なぜこのような教師が福島三小には数多く存在するのだろうか。それはまず前述した理念の共有にある。それに加えて、今回の実践にもあるように学校独自の「9つの力」を整理し、そこから「ひとみ輝く子どもの学び」として求める子どもの学びを明確化していることが挙げられる。さらに、授業研究会に参加するともう一つ見えてくることがある。それは、先生方の姿である。福島三小では、事後研究会において「ひとみ輝く子どもの学び」の3つの柱を視点として、子どもの名前と共にそれぞれの子どもの学びが豊かに語られていく。そして、それらが関連付けられることで、一人一人の子どもが集団の中でどのように他者と関わり、学んでいたのかも明らかになっていく。このように、年に何度も行われる授業研究会によって先生方は自分達が目指す子どもの学びとはどのようなものか、より深く理解し、共有していく。このことから分かることは、福島三小において「ひとみ輝く子どもの学び」は決して画餅ではなく、それぞれの先生方が見取ったたくさんの子どもの姿によって、形作られているということである。

全国のどの学校においても目指す子どもの姿は掲げられている。しかし、福島三小のように具体的な子どもの姿を共有することで理解を深め、その捉えを更新していく学校はそう多くはないのではないだろうか。この豊かな取り組みをこれからもずっと大切にしていってほしいと心から願う。

授業を変える
学習スタンダードで教職員の意識向上を図る

授業改善に向けた実態把握

　平成29年に学習指導要領が改訂され、児童の学びの在り方が明確に変わることが示された。いわゆる「主体的・対話的で深い学び」である。学習の主人公は児童であって、児童が頭や心を働かせ、自分の考えを表現しながら他との協同的な対話の中で自分自身の学びを深め、新しいことを創造していく学び方への改善が示されたのである。変化が激しく未来予測が難しい時代に生きていく児童に、これから必要な力であると考える。学校にはその力である資質能力を身につけさせるための授業改善が求められている。

　本校は、平成30年度より、西留安雄氏を講師として招聘し、自ら学ぶ児童の育成に向け授業改善を行っている。「阿万スタンダード」と名付けた授業を推進し、授業改善の取組5年目を迎えた。

　しかし、教職員の中には定期人事異動で本校に新しく赴任した職員や教師主導型の授業から離れられず授業改善に不安を感じている職員もいる。加えて、学校全体で授業改善に向けての取組が停滞し、職員の意識が低下していると感じた。そこで、今年度は研修の持ち方を見直すことにした。教職員の授業改善に向けるモチベーションを向上させ、学校全体での取組を強化する必要があると強く感じた。

学校教育目標から方針を共通理解

　本校の学校教育目標は「未来を切り拓くたくましい児童の育成」である。年度当初に、学校教育目標の設定について教職員に説明を行った。

　「情報機器の活用は急激に進み、高度情報社会はさらに進むであろう。また、諸外国との交流はこれ

からもっと活発になり、海外で活躍できる能力が求められる。そして、これからの人々の職業観、人生観はもっと変化するであろう。だからこそ、未来予測が難しい社会を生きていく子どもたちが、心豊かな自分らしい生活を営んでいくためには、しなやかに社会の変化に対応し、自分の培ってきた資質・能力で自分の未来を切り拓く力を身につけさせていくことが、学校の使命である」と語りかけた。そのためには、主体的に学習に取り組む授業、児童同士等の協働を通して考えを広げ深める授業、それらを基に新しいことを創造できる授業に変えていかなければならないことを話した。

新たな研修を進める条件整備

　昨年度、教職員から「授業の進め方に自信が持てない。改善点についてもっと意見をもらいたい」「他の先生から学びたい。よい授業を参観し取り入れたい」「児童への発言や支援等について具体的なアドバイスがほしい」「児童の力が伸びているのか分からない」などの意見が出された。本校は若手教員も多いため、今までとは違う授業スタイルである「阿万スタンダード」に不安をもっているようであった。日々の業務に時間をとられ、授業改善に意欲はあるものの、じっくり授業について学び合える時間を取れていなかった学校運営に問題があったと感じた。

　本校では、「教員研修の手引き書」（ブログ「西留安雄の教育実践」授業備品No.89）を基に本校独自の職員研修を行っている。まず、年度当初「今児童に求められている力とは何か」「本校の児童に身につけさせたい力は何か」「そのためにどんな授業にしていかなければならないのか」を確認し合った。

　学ぶとは、自分の知りたいことや分からないことを解決する中で、自ら調べ考え、他との協働を通し

兵庫県南あわじ市立阿万小学校長

泉　祐子

て新しいものを創造していくことである。知りたかったことが分かる、できなかったことができるようになる、新しい発見や自分の成長を感じることができることが、学びの楽しさだと考える。それは、教師からの一方的な学びでは得られない。子どもたち自身が、自ら課題を把握し、見通しを立て、解決に向かって積極的に試行錯誤する過程のある授業が学びの楽しさにつながる。

　教師は社会の変化に敏感でなければならない。これからの社会で生きる子どもたちにたくましい力をつけていける授業が必要であり、研修の持ち方を変え授業改善に取り組んでいくこととした。

　そこで、本年度は校内授業研究会で、全員が一つの授業を参観して協議し合う時間を設けた。また、「深い学びのある授業」と「児童の書く力の向上」について焦点を当て、それぞれの授業を工夫改善し、互いに報告し意見を交流し合う機会を多く設けることとした。

実現した新しい授業─授業研究会から

```
3年生国語
単元名　あらすじカードを作ろう
　　　　『はりねずみと金貨』
```

展開
(1)　導入
　①ペアで前時の振り返りをする
　②課題の確認
　③第4場面の大事なところを考えてあらすじをまとめよう
(2)　展開
　①ペアで音読をする
　②登場人物を確認する

③「誰が」「何をして」「どうなった」のキーワードを提示
　一人学び
あらすじが大事だと思う言葉をノートに書く
(3)　考察
　グループ学び
①短冊に大事な言葉を書き、黒板に貼る
　　黄色　登場人物、出来事、様子を表わす言葉
　　桃色　登場人物の気持ちを表わす言葉
②グループで同じ点、違う点、似ている点に焦点をあて、比較・分類する

子どもが創る授業Ⅲ

③他のグループの考えを知り、深める

(4) まとめ

キーワードを使って、第4場面のあらすじをまとめる

(5) 振り返り

分かったこと、友だちからの学びなどを書く

改善に向けた校内授業研修

今までも放課後に授業について意見交換を行い、日々授業改善に取り組んできた。それに加え、今年度は、全教職員で公開授業参観をし、研究協議を行うことにした。

少人数に分かれ、「公開授業からの学び」と「課題と解決策」から「深い学びとは」について、KJ法で協議研修を行った。少人数のグループになることで活発な協議となった。自由な意見交換や自分の授業と他の職員の授業を見比べることで、自身の授業に足りないことや授業のヒントを得ることができた。また、講師の先生からの指導助言を共有することで、阿万スタンダードの改善点がはっきりし、次への研修課題とすることができた。

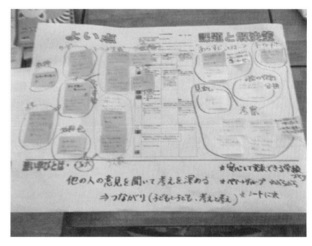

■授業研修会後、教職員から

・自分の授業を見直すことができた。

・指導で困っていたことを指導してもらったので、明日からに生かしたい。

・児童の生き生きとした学習の様子に「阿万スタンダード」で進めていきたいと思った。

・一人一人の児童の評価の見取りができるようになった。

・児童の書く力が向上していると感じる。

・深い学びについてこれからも研修を重ねていきたい。

■児童アンケートから

・友達と考え方を交流するのは楽しい。自分と違う考え方を聞くと、賢くなると思う。

・友達から分からないところを聞く方がよく分かる。自分が友達に教えるのも楽しい。

・自分の意見と友達の意見がつながったりすると、より深く学べる。

・友達の意見を聞くと自分の知らないことが分かる。

・分かりやすい話し方や書き方が上達した。

子どものために改善意欲を高める

　管理職が先頭に立ち、授業改善へ積極的に取り組むことの大切さを痛感した。教職員は多くの学校課題を抱え多忙化を極めているが、授業改善は喫緊の課題であるととらえることができたこと、自分自身の授業とどのように向き合うかを考える時間を設定できたことは授業改善の活性化に大変効果的であった。焦点を当てて授業改善に取り組み、授業に意見をもらえることで、改善点が明らかになり授業改善が以前より推進されている。これは、児童の実態や授業の悩み等を共有したこと、実際にいろいろな形の児童の学習の姿や学びの様子を見合えたこと、授業のヒントとなる情報が共有できたことで、授業スタイルの幅が広がり、自分の授業に取り入れたいと

意欲が向上したと感じる。

　「学習リーダーが授業を進めるので、支援や声かけの時間が多く取れる」「児童自身の理解度や興味関心に応じた学び方ができていて、評価が学習時間にとれる」など、多忙化解消につながる意見も聞かれる。また、児童アンケートから、児童自身が学びに意欲的であり学びを深めていくことが楽しいと感じる学習できていることも改めて確認できた。

　しかし、「児童のノートが変わってきた」と教職員は手応えを感じ始めているが、「書く力の向上」についてはまだ大きな課題として残っている。また、「深い学び」についてはこれからも追求していかなければならない。

　児童が自分の夢や希望を叶えられる力を育てるため、教職員の授業改善への意欲を高め、今後も授業改善に取り組んでいきたい。

子どもが創る授業Ⅲ

寸評Good&More

私の考える「個別最適な学び」

高知県７市町村教育委員会授業改善アドバイザー
西留安雄

　学習指導要領が変わっても何も変わらない学校。その中で令和３年１月の中央教育審議会答申において、「個別最適な学び」が出てきた。同年３月には文部科学省初等中等教育局教育課程課から参考資料が示されたが、その表題には「学習指導要領の趣旨の実現に向けた」とある。変わらない学校を変えたいという思いが伝わってくる。「個別最適な学び」は、「個別最適な学び」と「協働的な学び」という２つの学びを挙げている。「個別最適な学び」は、「指導の個別化」「学習の個性化」の２つに整理されている。

●指導の個別化：（子どもの）特性や学習進度等に応じ、指導方法・教材等の柔軟な提供・設定を行う。

●学習の個性化：子どもの興味・関心等に応じ、一人一人に応じた学習活動や学習課題に取り組む機会を提供する。

　教師側からの記述が気になるが、子どもの学び方を変えて欲しいという思いがひしひしと伝わってくる。この２つを見て「イエナプラン教育」を思い浮かべた。また、子ども主体の授業としては、「自由進度学習」も注目されてきた。自由進度学習とは、子どもたちが「自ら立てた学習計画に基づいて自分のペースで学ぶ学習」だ。「学習の手引き（マナブック）」を参考に子どもたち自身で学習計画をつくり、教師のチェックや自己チェックをはさみながら一人で学びを進めていく取組だ。

1　続々新たな形の学校が開校
○長野県大日向小中学校（私立）・広島県常石ともに学園（公立）
○アメージングカレッジ（埼玉県東松山市、2023開校（私立、各種学校扱い）＊学校という名前をあえて外した

2　私たちが行ってきた「個別最適な学びへの準備」
①学習スタンダード学習（高知県授業づくりBasicガイドブック）

　学習指導要領に記載してある「問題解決的な学習」を忠実に行っている。新採用の教員には、とてもわかりやすいテキストだ。このスタンダード学習がうまくいっている学校は、子どもたちがよく話すし書ける。

②学習リーダー

　教師の「教えすぎる」授業を変えるために「学習リーダー」が授業の進行を担う。教師が教えるのではなく、子どもたちに授業の進行を任せる。かなり子どもが主体的・対話的で深い学びの学習となる。

③セルフ授業

　授業にもセルフスタイルがある。子どもたちは問題解決的な学習方法や学び方を知っている。普段から学習リーダーが進めている授業があるからできるのがセルフ授業だ。セルフ授業は、子どもたち全員が活躍できる。

④まなブック（高知県津野町教育委員会、高知県越知町教育委員会、高知県佐喜浜小学校、高知市立浦戸小学校）

　子ども向けに教科の学び方の方法が載っている。教師がいなくても自学や仲間で、この「まなブック」で学んでいる。もう15年前から開発しているので訪問校では当たり前の子ども向けの「学びのテキスト」となっている。

⑤学びの交流

　異学年交流学びがある。先日、横須賀市の中学校の数学で中２中３の合同授業を見た。学年を越え教え教えられる授業は、圧巻であった。教師はファシリテーター役になりきっていた。

◎教科書の内容を教えるだけでは、子どもには授業内容は伝わりにくい。「個別最適な学び」は以上のような準備があってこそできる。私たちが日本中で行ってきた上記の内容を行うことをお勧めする。

「授業備品」（No.165）世界からアクティブ・ラーニングを学ぶⅠ

　以下に、原田信之編著『カリキュラム・マネジメントと授業の質保証』（北大路書房）の内容を紹介する。
1　シンガポール
　2004年に「アクティブ・ラーニングと個別学習に関する研究プロジェクト」を開始。2004年の建国式典でリー・シェロン首相が述べた言葉が、アクティブ・ラーニングの研究の出発点となった。それは、「教えを少なく、学びを多くの方針だ。暗記学習を減らし。彼らに探求や発見のゆとりを与える。また、教員もゆとりを得ることで考え、振り返り、子どもたちに最善の方法を見つけ出して質の高い結果を導くことができる。私たちは子どもたちに教えることを少なくし、彼らがより学ぶようにしていかなければならない。成績は重要であり、試験に合格する努力を怠ってはならない。だが成績だけが人生の全てではない。学校で学ぶべき人生の事例は他にもある」
＊2004年から開始したシンガポールと2019年から始めた日本の違い。日本の遅れが気になる。
2　香港
　2000年「香港教育制度改革建議」。それをもとに香港政府教育局の教育課程の改善は、まず教科を廃止し領域ごとに教育課程の指針、教育方策と内容、評価を明示した。子どもの資質・能力を明確にさせ、授業の教授・学習の効果を上げるための多様な方策、方法を用いる。そして各学校は、学び方を習得させる。教師の教育方法の改善を図る。探求力を重視する課題学習すなわち「問題発見・解決型学習」を進める。批判的な思考力、創造力及びコミュニケーション能力を優先的に育て、各学習領域で有効な教育方法と内容の開発を行う。
＊問題発見・解決的な学習方法が行われている。日本より早く教授型に課題を感じた当局から学ぶことが多い。
3　フィンランド
　自国の学力低下の原因を時代遅れの授業スタイルと教育方法に帰するものが多く見られたと分析をしている。フィンランドの授業スタイルが「保守的」で「時代遅れ」とする批判は、国際学力調査の陰に隠れていただけであり、以前からなされていたものであると受け止められている。教員に求められるスキルとして、①教員は未来志向で多才で革新的な専門家であり、多様な学習環境を活用することができる、②教員は開発する勇気、実行する勇気を備えている、③教員は、新しいイノベーションを導入する力や自らの行動を変える力を備えている
＊学ぶことは、授業スタイルの「保守的」「時代遅れ」に気づきイノベーティブな授業改善を進めていることだ。
4　フランス
　共通基礎というスタンダードや、それに対応する全国学力テストが作られてきたものの、そこで産出されたエビデンスに基づく学校としてのチームとしての授業改善はほとんど見られないという。一人で教育を完結する意志が強い。教科の専門家として養成されている意識、教育方法の自由が確固たるものとして存在している等だ。
＊フランス特有の教育方法の重視視されている背景があり、解決すべき課題がまだまだ多いようだ。
5　ドイツ
　2003年頃、国共通の教育スタンダードの導入が議決されている。教育の質の保証のパラダイム転換である。その後、ナショナルテストがあり教育スタンダードに基づく多性状況の調査を行っている。また、ローカルテストでは、授業開発のための診断データ調査がある。データをデータとして終わらせていない。
＊授業改善にテストを活かしているところが参考になる。データ活用の仕掛けに日本も学ぶところは多い。
6　イギリス
　イギリスには、ナショナル・カリキュラム（学習指導要領）と評価が一体となっている。これは、学校と国レベルの中央行政機関とのつながりが強いからである。この一体となった評価が授業改善の根拠とされている。どの教員も常にナショナル・カリキュラムに目を通して指導や教材開発を行っている。
＊学習指導要領より教科書に目を向ける日本の教員との違いがある。ぜひ学びたいところだ。
◎アクティブ・ラーニングで授業を変えているのが世界だ。これまでの授業を繰り返す日本は、まず指導者層が遅れに気付くべきだ。

「本物」に出会い
「本物」をめざす
楽しい学校づくり

長崎県長崎市立諏訪小学校長
山﨑直人

　長崎には「長崎くんち」という秋の大祭があります。江戸時代から続く伝統的な祭りで、純日本風の踊りもあれば、中国・オランダ・ポルトガルなど出島を通して交流のあった異国情緒溢れる船を豪快に曳き回す迫力ある演じ物もあります。中国から伝わった「龍踊り（じゃおどり）」は特に有名です。それぞれの演じ物は「踊町（おどりちょう）」と呼ばれる町ごとに伝統的に引き継がれ、7年に一度の出番に備えています。

　長崎っ子が楽しみにしている祭りですが、コロナ禍の影響でこの3年間は中止となってしまいました。しかしそのような中、「くんち」を続けているのが、本校の「諏訪っ子くんちフェスティバル」です。本物の祭りに出演する踊町に囲まれている本校の伝統ある学校行事です。児童玄関には「長崎くんち」の演じ物を描いたレリーフが掲げてあり、毎日子供たちを出迎えています（**写真1**）。

写真1　「長崎くんち」のレリーフ

　私は諏訪小に赴任して、この長崎くんちをはじめとする「本物」を生かした学校経営を行うこととしました。「本物」の条件を3つ掲げました。「本物は、続く」「本物は、広がる」「本物は、感動を呼ぶ」です。長崎くんちの伝統はもちろん、様々な本物に出会い、自らが本物を創造することを大切にしたいと考えたのです。取組のいくつかを紹介します。

　まずは、おそらくどの学校でも大事にされている挨拶についてです。本物の挨拶の形として、本校では「ワンストップ先言後礼」という合言葉で示しています。単に挨拶をしましょうというだけではなく、一度立ち止まる、相手の目を見てまず挨拶の言葉を言い、そして礼をする、という一連の所作を求めたのです。一度止まるので「ワンストップ」、先に言葉を言うので「先言」、礼は後なので「後礼」です。

　写真2のイラストを用いて1年生にも分かるように説明しました。

　毎朝、玄関前で子供たちを迎えていますが、一人一人と視線が合う瞬間は大きな喜びです。「本物は、続く」。続けることで本物にしていこうと考えています。

　次に紹介するのは「校長先生からの挑戦状」という取組です。2つの挑戦状を投げかけました。1つは「暗唱チャレンジ」です。低・中・高学年それぞれに課題を示し、担任に合格をもらったら校長室での暗唱検定に臨むのです。

　低学年は「いろはうた」「ありがとう」「ともだち」、中学年は「私と小鳥とすずと」「じゅげむ」

【ワンストップ先言後礼】

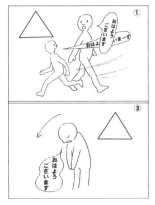

写真2 「ワンストップ先言後礼」のイラスト

「おちば」、高学年は枕草子の「春・夏」「秋」「冬」としました。言葉遊び歌や古典、名詩という日本人なら知っておいてほしい「本物」に触れさせるのが目的です。合格者には「合格証」を渡しました。校長室で一人だけで暗唱するのですから緊張もするでしょう。合格した時の笑顔は最高です。この時ばかりはマスクを外すようにしていました。

2つめの挑戦状は「長縄チャレンジ」です。学級の仲間と8の字跳びに挑戦です。3分間の記録を競いました。記録への挑戦も大切ですが、練習の過程でどの学級でもいくつもの壁に当たります。記録の伸び悩みや練習方法や仲間との温度差などです。それらを乗り越えるところに価値があると考えています。

暗唱も長縄も特別な取組ではありません。全国のどの小学校でも実践されていることでしょう。ただそこに「校長先生からの挑戦状」と銘打つことで、学校を挙げての取組にすることができ、「本物感」を高めることができるのではないかという工夫です。

また、全校の前で代表の発表をしたり、学校全体のために良い行いをしたりした児童や学級へ「ありがとうカード」の発行も行いました。これも「校長先生はいつも見ているよ」というメッセージです。

そして、何と言っても本校が誇る最大の行事は「諏訪っ子くんちフェスティバル」です。3年生から6年生までが縦割りで6つの演じ物を披露します。各踊町の方々からの本物の指導を受けて臨みます。

本番では、子供とは思えぬ迫力で、観客を魅了するのです（写真3）。

学校は独自の伝統と校風をもっています。そこへどう自分らしさを出していくか。校長室は「本物の楽しさ」を創造する作戦基地なのです。

写真3 「諏訪っ子くんちフェスティバル」の演じ物

子どもの主体的な姿を目指して

大分大学教育学部附属小学校教諭

山下千春

 ## 初めての探究活動

私が小学校中学年の頃、それまであった土曜授業がなくなり、高学年になると、総合的な学習の時間が始まりました。当時は、「総合って何だろう」と思いながら連絡帳に「総合」と書いて、その時間を過ごしており、多くを思い出しません。今、教員という立場になってみて、きっと、これが総合的な学習の時間だったのだろうと思うことが、5年生で取り組んだ米作りです。周りに畑がなく、田植えをする機会もない環境で育ってきたため、校庭の一角に作った小さな田んぼの泥の中に裸足で入り、苗を植えた初めての体験に衝撃を受けたことを今でも覚えています。

当時は「楽しい！」という思いが強かったですが、きっと、この「楽しい」は、体験したことのない心地よさであり、20年経った今でも思い出せる理由でもあると思います。「これだからゆとりは……」と、何かとマイナスな印象をもたれるゆとり世代ですが、具体的な活動や体験を通して、教科では限りのある驚きや気付きを生み、原体験としていただいた小学校の先生方にはとても感謝しています。

 ## 子どもも教師もワクワクする

私は、現在、勤務校で総合的な学習の時間の担当をし、年間70時間1単元の授業づくりを楽しんでいます。しかし、大学時代に講義もなく、採用後も総合的な学習の時間の本質を学ぶ機会も求めず、数年前までは本来の探究活動が実現できていなかったと思います。前任校において総合的な学習の時間の単元づくりや授業づくりを学び、総合的な学習の時間を通して、それまで教師の指示待ちだった子どもたちが主体的に変わっていく姿を目の当たりにしたことで、総合的な学習の時間の面白さを実感しました。

本校では、接続する附属中学校と連携し、約8年前から小中9年間で育成を目指す資質・能力一覧表を作成して、各教科等との関連を図りながら学級総合を実践しています。教育課程全体を通した教科等横断的な視点からカリキュラム・マネジメントの要であることを踏まえ、他教科で身に付けた資質・能力を総合的な学習の時間において活用できるよう7年間の探究活動を保障しています。この中に身を置き、積み重ねるにつれ、以前担任をしていた子どもたちと廊下ですれ違った時に、「今年の総合はこんなことしているよ」と紹介してくれることが増え、他の先生方の授業を参観させていただく中で目にする子どもたちの主体的な姿に、「今度はこの探究活動もしてみたいな」と、私自身がワクワクしながら日々多くのことを学ばせてもらっています。

職員室に掲示している全学級の単元計画と評価規準

●Profile
やました・ちはる　1991年生まれ。小学校教育実習での担任の先生に憧れ、教師を志しました。2014年、別府市立石垣小学校から教師生活をスタートさせ、教師生活9年目です。現在は、大分大学教育学部附属小学校において総合的な学習の時間の担当として、子どもたちの思いや願いを大切にした総合的な学習の時間の授業づくりに力を入れています。
●モットー
笑顔

守ろう、自分やみんなの命！

　本年度は、6学年担任として、子どもたちと「防災」を単元化して進めています。大分市が今後30年以内に震度6弱以上の揺れに見舞われる確率のあまりの高さに子どもたちは衝撃を受けていました。「実際に被災した時にどのように動けばいいのかを知って、自分の未来に繋げたい！」という思いや願いを持った子どもたちは、自分やみんなの命を守るために、「危機回避、防災プロジェクト」の学習を始めました。

　地震の仕組みを知るために学校の隣にある先哲史料館の先生をお招きして話を聞いたり、学校内にどのような物が備えられているのか備蓄倉庫を見に行ったり、全て子どもたちが思いや願いを膨らませながら自分たちで学習を進めています。ゲストティーチャーの招へい依頼もドキドキしながら自分たちで電話をかけていましたが、許可をもらえたことで達成感や協働意識を味わう姿がありました。

　「より多くの命を守るために、学習したことをお家の方や地域の方に伝える」という学習のゴールを常に意識しながら、より説得力のあることを伝えるためには自分たちが体験をする必要があると考え、実際に体育館で避難所生活体験を行うことにしました。それぞれが必要だと考えた物を防災リュックに詰めて登校し、寒い体育館で半日を過ごしました。何日も同じ味の非常食を食べ続けることの厳しさやトイレの混み具合、体育館の寒さや周りの人の話し声、物音のせいで寝たくても眠れないという実態から、この生活を何日も続けることはとても困難であるということに気付きました。

　体験後、「お家の方や地域の方に伝えるべきこと」について話し合っていた時、「実際に被災した後の

避難所生活体験の様子

生活の不安を少しでも減らすことができるよう各家庭で備えておくべき物を伝えたい」という避難所生活体験に関する発言が多かった一方で、「被災後のことだけでなく、いつ起こるか分からない災害に備えて、まずは家族と避難ルートや避難場所を確認することを伝えるべき」という声が上がりました。探究し、体験して自身の肌で感じたからこそ、より深い学びに繋がったのではないかと感じました。

子どもの思いや願いを大切に

　先日、50時間目を迎えた時、子どもたちから「もう50時間！？」「10時間増やして80時間ぐらいしましょうよ！」という声が上がりました。子どもたち自身で立てた単元計画を基に、常に70時間を意識して学習を進めてきたため、見通しとともに探究への意欲を感じる場面でした。単元のゴールを迎えた時に、子どもたちが「総合的な学習の時間、楽しかった！」「みんなで防災について学習してきてよかった」等を感じられるよう、今後も子どもたちの主体的な姿を目指して、子どもたちの思いや願いを実現することができる学習を展開していきたいです。

令和答申を冷静に読み解く

GIGAスクールで学力観は変わるか

　スケールの大きい令和答申の学力観について、議論のたたき台となる小論として読んでいただきたいと思う。

令和答申（2021年1月26日）の概略

（1）総　論

　2020年代を通じて実現すべき日本の学校教育の姿を示した答申で、その柱は2本あると明言している。1本目は、個別最適な学び、2本目は協働的な学びである。

　現行学習指導要領では、「個に応じた指導の充実を図る」ことが明記され、コンピューターやインターネットなどを活用することが求められている。いわゆる「GIGA※1スクール構想」の実現に強い決意を感じている。

　そして、それぞれの子どもが「主体的・対話的で深い学び」を実現させることを望んでいる、と書かれている。これらの文言からGIGAスクール構想を早急に構築して、それを個に応じた学習に活用していくという、文部科学省（以下、「文科省」）の強い決意のようなものを感じた（2021年度で、ICT機器を半分以上活用している小・中学校は約70％となっている〈ベネッセ教育総合研究所〉）。

　ここで「対話的で深い学び」という文言に注目したい。ICTを活用した学習は、1人でPCやタブレットに向かって勉強している、というイメージを一般的には持たれている。文科省は5年程前から、「双方向的な授業」の1つとしてアクティブ・ラーニング（A・L）を推し進めようとしている。このことを強く意識して、個に応じた学びだけでなく、「対話的」という用語を入れたと思われる。2021年度の中学の5教科（国・数・社・理・英）の教科書をチェックすると、すべてに対話的・討論的・実践的な項目がこれでもかと言うぐらい出てくる。しかし、資質・能力・意欲というものを含んだ、私たちが今まで考えていた「学力観」に、どのような影響を与えるかは、実践しながらわかってくるのが現実ではないだろうか。

　もう1つの柱として、「協働的な学び」を強調している。（PCやタブレットを使って）孤立した学びに陥らないように、探究的な学習や体験活動等を通じ、子ども同士で、あるいは多様な他者と「協働的な学び」をすることが重要だと指摘している。そして一人ひとりのよい点や可能性を生かすことで、異なる考え方が組み合わさり、よりよい学びが生み出されることを期待している。これは、中学国語の教科書（私がチェックしたのは光村図書版）に出てくる「話し合いの方法」といった項目に目を通すとよくわかる。そこにはブレーンストーミング、ワールド・カフェ、グループ・ディスカッション、ディベート、パネルディスカッション、といった、具体的な方法を詳しく紹介している。ここに出てくることは、以前から多くの学校で実践されており、従来から文科省が求めているコミュニケーション能力や態度・意欲といった、「広い意味での学力」のことであるのは言うまでもないだろう。ICTの活用法の「スキル（技術）」を求められているのが、従来の学力観との違いと言ってもよい。

（2）義務教育に関して

　小・中学校に通う子どもに求められている学力・能力は次のようになっている。

小宮山博仁
教育評論家

ICTの活用等による学習の基盤となる資質・能力の確実な育成をする。と同時に興味・関心等に応じ意欲を高め、やりたいことを学べる環境を提供する。さらに、児童生徒同士や多様な他者との学び合いを通して、地域の構成員（地域社会…小宮山）の1人として、社会への関心を高めることを求めている。

この令和答申を読む限り、小中学校での学力観は、従来と基本的には変わっていない。ICTの積極的活用が加わっただけと考えてよいだろう（ICT機器を使って、グループや学級全体での発表・話し合いを行っているのは、「ときどき」も含め約50％〈ベネッセ教育総合研究所〉）。

（3）高等学校教育に関して

義務教育で学んだことをさらに発展させる教育を望んでいる。社会の形成に積極的に参加するための資質・能力を育む。社会的・職業的自立に必要な能力・学力を高等学校で身に付けることが、最大の目的である。これはキャリア教育のことがさかんに言われた従来の学力観・教育観とそれほど違いはない。

地域社会の問題を解決するためには、地方公共団体・企業・高等教育機関・国際機関・NPO等の機関や組織と連携し協働する学びが重要である（ここになぜか国の組織：官僚や国会議員などの政治家が入っていない）、と答申には書かれている。

高校で求められる能力・学力の中で、今までと異なる考え方が提示されている。それが一般の市民には縁がない「STEAM※2教育」という用語である。

GIGAスクール構想はまだしも、いきなり一般市民には馴染みが薄い用語が出てくると、教員でなくてもほとんどの人は、とまどうに違いない。ここで、なぜSTEMにArtsを入れてSTEAMにしたのか、

さらになぜ文科省がこの用語を使いだしたのかの謎が出てくる。次にそれを詳しく検証してみることにする。

STEAM教育とは

令和答申の高等学校教育の文言を読むと次のようなことが書かれている。「多様な生徒一人一人に応じた探究的な学びが実現されるとともに、STEAM教育などの実社会での課題解決に生かしていくための教科等横断的な学び」（傍点は小宮山）との記述がある。教科横断的な学びを、STEAM教育でさらに推し進めようという考えとみられる。これからは科学技術の発展が国力（経済力）を左右するし、持続可能な社会にするためには、環境・エネルギー、食糧問題などを解決しなくてはならないという願いがこめられている。

STEMはすべてが理系の学問の頭文字であるから、社会と数学、理科と社会、数学と国語といった教科横断的な学びを推進してきた文科省としては、都合があまりよろしくない用語であった。アメリカでもSTEMの用語が世に出てきた時、文学・哲学・社会学を中心とした文系の学問を専攻する学者や市民は、違和感を覚えたのではないだろうか。教養を意味するより範囲が広いArts（リベラルアーツ）という用語の頭の文字を入れれば、理系と文系の双方の学問を発展させるための教育、ということになる。これは「教科横断的な学習」をさらに広めようとする文科省にとっては、まことに都合のよい用語であったことは言うまでもない。

STEAM教育を参考にして、教科横断的学習で、

多面的な物の見方ができる能力や学力を身につけてほしいという願いが強いのではないだろうか。

しかし、このSTEAMは、教育学、教育社会学、教育心理学などでは、まだ学術的認知は受けていない用語である。このような学会であまり話題になっていないということは、これらの科目を大学の教職課程で学ぶ機会が学生は大変少ないことを意味している。当然この用語を初めて聞いた現役教員は多いはずだ。このような目新しい用語が文科省から降り注いでくると、大切な子どもをあずかる現場で混乱が生じる可能性が高いことが推測できる。

ちなみに、STEMに入れたAのリベラルアーツを、『日本国語大辞典』で引くと次のように出ている。

「職業に直接関係のない学問、芸術のこと。実用的な目的から離れた純粋な教養」

これを文字通り解釈すると、理系の学問の集合体のようなSTEMの中にどのように入れることができるのか、疑問に思う方が多いのではないだろうか。この辞典の定義では現実の社会ではこのArtsが経済資本を豊かにするとは考えられていない。経済資本が多いと芸術や文学やスポーツに余暇を費やす、その日暮しの労働者はそのような余裕はないから、Artsとはほとんど縁がないと、普通はみなされる。

しかし、2007年からの全国学力・学習状況調査では、学力だけでなく家庭の環境、具体的には本が何冊本棚にあるか、博物館などに行くか、親子の会話の多寡、朝食をとる習慣があるか、といった、フランスの社会学者P・ブルデューが広めた「文化資本（Capital Culturel）」と思われる項目を調べる機会が増えている。

日本の調査では文化資本の豊かな家庭の子どもの学力が高いことが証明されつつある。実はこの文化資本、Artsと大変相性がよい用語である。一定の文化資本が豊かであると、親の立居振舞（ハビトゥス）などの影響で、子どもの学力が高い傾向があるとも考えられるからである。

このように、Artsと文化資本の関係を考えると、Artsは学力と関係がありそうだ。一見、理系の学問のSTEMとArtsはミスマッチのようだが、実は大変相性のよい用語であることが推測できる。このように考えるとSTEAM教育は、これからの教育のメインストリートになるかもしれないと、高い学力を保持している官僚や一部の学者が頭の中で構想するのも、何となくうなずける。

しかし、科学と技術と工学と数学を融合させ、そこにArtsを接合する、これを実現するのは相当な学問的知識と経験が必要であることは、だれが見ても明らかであろう。先程まだ学術用語として定着していないと言ったのは、このような理由からである。

STEAMという概念を私は否定するつもりは全くない。広まってほしいと願っている。しかしそれを高校教育の段階で導入するには、かなりの無理がある。このような用語が文科省に入ってくると、従来の学力観はどうなってしまうのかと、現場のまじめな教員は困惑するに違いない。

STEMのそれぞれの学問の基本的知識は、高校までに学習する。国語や社会科の教科をその枠に入れて、教科横断的な学習や総合学習をうまく機能させようという意図があるものと思われるが、STEAMという概念を高等学校教育に下ろしてくるのは、まだ時期が早すぎるのではないか。もう少し研究者及び大学での実践例を豊富にしてからでないと、理念だけでは現場が混乱するのは明白であろう。

次に参考までに、文科省が思い描いているSTEM教育とSTEAM教育の定義の違いを示しておく。

●STEM⇒複雑に関係する現代社会の問題を各教科・領域固有の知識や考え方を統合的に働かせて解決する学習としての共通性を持つ。その目的は2つある。①科学・技術分野の経済的成長や革新・創造に特化した人材育成を志向する。②すべての児童生徒に対する市民としてのリテラシーの育成を志向する。

●STEAM⇒現実社会の問題を創造的に解決する学

習を進める上で、あらゆる問いを立てるために、Liberal Arts（A）の考え方を取り入れる。自由に考えるための手段を含む美術、音楽、文学、歴史に関わる学習などを取り入れるなどSTEMを広く横断的に推進していく教育。

（文部科学省HP「STEAM教育等の教科等横断的な学習の推進について」を基に引用している。官報特有の句読点がほとんどない長いセンテンスなので、適宜小宮山が手を入れている。詳しく知りたい方は、HPにアクセスしていただきたい）

　ではSTEAM教育は今までの学力観とどう違うのかという難問は、SとTとEとAとMに分解すればよい。それぞれの頭文字の学問の基礎はしっかりと高校までに学習するという構図が明らかとなる。それらの融合のしかたが問題であるが、チャレンジと考えれば、従来の学力観とほとんど相異がないことがわかるのではないだろうか。

　このように令和答申の総論を読み解くと、学び方は変わるが、「学力観（求められる学力・能力）」に関しては、今までとそれほど変化していないことがわかる。変化があるとしたら、情報や知識の集め方や活用のしかたであろう。では文科省が将来の社会をどのように考えているのかを、もう少しフカボリしてみたいと思う。

Society5.0を考える

（1）Society5.0とは

　令和答申でSociety5.0はどのように紹介されているかを、検討してみることにしよう。

　「『令和の日本型学校教育』の構築に向けたICTの活用に関する基本的な考え方」の中で、次のような記述がある。

　〈（ICTの）全面的な活用は、学校の組織文化にも大きな影響を与えうる〉〈教師に求められる資質・能力も変わっていく〉〈その中で、「Society5.0時代にふさわしい学校を実現していくことが求められる〉

ICTを活用すべきという項目で突如「Society5.0」という用語が出現する。ではSociety5.0とはどのような社会なのであろうか。内閣府のHPに、かなり詳しくそのことが書かれている（「内閣府Society5.0」でヒットする）。

●Society5.0の定義：「サイバー空間（仮想空間）とフィジカル空間（現実空間）を高度に融合させたシステムにより、経済発展と社会的課題（SDGsなど…小宮山）の解決を両立する、人間中心の社会（Society）」

　5.0があるなら、当然1.0から4.0もある。Society1.0は狩猟社会、Society2.0は農耕社会、Society3.0は工業社会、Society4.0は情報社会としている。その次にSociety5.0は目指すべき未来社会の姿として提唱された（2016年に初めて言及される）。

　このHPにはさらにSociety5.0で実現する社会を、詳しく紹介している。

　「Society5.0で実現する社会はIoT（Internet of Things）で全ての人とモノがつながり、様々な知識や情報が共有され、今までにない新たな価値を生み出すことで、これらの課題や困難を克服します」

　課題や問題とは、少子高齢化、介護の人手不足、地方の過疎化、貧富の格差などを想定しているようだ。人工知能（AI）で閉塞状態を打破し、希望の持てる社会にする、という。コンピューターのネットワーク、それから得られるデータ蓄積で、人に役立つ確かなエビデンスを探り出そうという考えもあるようだ。これを次のように表現している。

　「Society5.0では、膨大なビッグデータを人間の能力を超えたAIが解析し、その結果がロボットなどを通して人間にフィードバックされることで、これまでには出来なかった新たな価値が産業や社会にもたらされることになります」（提案されてまだ日が浅いので、学術用語としては認知されていない）。

　経済発展に寄与して、持続可能な社会を考えているように思える。そこには「Innovation：技術革

新・新しい組織」を期待していることは言うまでもない。さらにもう一歩踏み込んで「社会的課題（再生可能エネルギー、地球温暖化などの環境問題）の解決」も目指している。

ここまで読んで、7年程前から注目されている「SDGs17の目標」を意識していることに気がつかれた方も多いのではないだろうか。

資本主義社会のシステム上の問題で発生する、閉塞的な社会を打開するために、IoT、ロボット、人工知能（AI）、ビッグデータを活用する社会ととらえることができる。

（2）Society5.0の問題点

Society5.0の、仮想空間と現実空間という、抽象度がかなり高い用語で説明しているので、第三者には大変理解しにくい定義となっている。しかしよく読んでいくと、コンピューターでSDGsの17の目標などをクリアした未来の社会を構築する、という概念であることがわかってくる。

長期的な日本経済の停滞から脱出するには、技術革新しかないと多くの経済学者が指摘している。また地球温暖化のような環境問題、限りあるエネルギー資源（主に化石燃料）の問題、食糧難の問題、南と北の国の経済格差と貧困の問題、大地震やコロナ禍のような災害に対応できるインフラを構築して強い国にするという課題、これらを解決するにはITしかない、そう受け取れるのがSociety5.0の構想といえよう。

様々な困難な問題を「すべてITにまかせる」という考えの市民が大多数になったら、今までの学力観だけでは社会が機能しなくなるのではという危惧がある。AIで様々なデータ（ビッグデータ）を集めて問題を解決できるのではと期待されている。しかしそのデータを集めて、どのようなデータを最初入力するかを選ぶのは人間であるということを忘れてはならない。いくつかの例で手短に考えてみよう。

人類の食糧危機を救う栄養満点のAという穀物が、ITのおかげで発明されたとする。それを栽培するには肥料を与え病虫害の対策をして大量生産しなくてはならない。B社は、とにかく生産量をふやして、化学肥料や農薬を使い多くの貧しい人々にAを供給したいと考えた。C社は環境を優先し、長期的に見れば人類のプラスになる有機肥料や病虫害を防ぐ方法で栽培することを考えた。AIを使えばB社もC社も同じような商品Aを世に送り出すことが可能である。B社C社それぞれの考えに基づいたデータを入力すれば、AIが具体的な生産方法を考え、両社とも問題を解決できる可能性が高い。

しかし、Aという商品をつくるB社とC社の考えの違いが、世の中の将来を左右する可能性があることは明らかであろう。B社の商品は長期的には土地がやせていき、人間に害を与える薬剤が蓄積していくかもしれない。C社の商品は人の健康にやさしい持続可能な循環型の農業に貢献する可能性が高い。

このような例を示したのは、Aという商品を作るプロセスは、AIがほぼ決める。しかしどのような商品にするかの決定は、B社・C社の考えで違ってくる。Bのやり方がいいのか、それともCの方法がいいのかは、人の倫理観と世の中を見る知識と能力にかかわってくることは言うまでもない。いくらAIが発展しても、理想的なSociety5.0の社会をつくり出すのは、AIではなく人間であることを忘れてはならない。AIにふり回されない能力・学力が強く求められるだろう。このようなことをふまえた教育をどの程度考えてSociety5.0を提言しているのかは、内閣府のHPを見る限り、定かではない。

今、医療の世界でも急速にAIを活用しようという動きになってきたようだ。エビデンスという用語は、コロナ禍で一気に知られるようになったが、1990年代後半、アメリカの医学界から広まった用語であることは、あまり知られていない。

ある研究論文がエビデンスと認められるには、数

●Profile
こみやま・ひろひと　1949年生まれ。教育評論家。日本教育社会学会会員、日本教育学会会員、放送大学非常勤講師。最近は活用型学力やPISAなど学力に関した教員向け、保護者向けの著書、論文を執筆。著書・監修書に『塾－学校スリム化時代を前に』（岩波書店）、『新聞コラム活用術』（ぎょうせい）、『「活用型学力」を育てる本』（ぎょうせい）、『はじめてのアクティブラーニング 社会の？〈はてな〉を探検』全3巻（童心社）、『眠れなくなるほど面白い 図解 数と数式の話』（日本文芸社）、『眠れなくなるほど面白い 図解 数学の定理』（日本文芸社）、『眠れなくなるほど面白い 図解 統計学の話』（日本文芸社）、『眠れなくなるほど面白い 図解 算数と数学』（日本文芸社）、『大人に役立つ算数』（角川ソフィア文庫）、『持続可能な社会を考えるための66冊』（明石書店）、『危機に対応できる学力』（明石書店）など。

人の研究者が査読をするというプロセスをふむのが一般的である。これは医学界から広まったと思われる。

現在多くの自治体で無料の健康診断が行われているが、それらのデータを蓄積してビッグデータとし、それを治療に生かそうという試みが始まっている。肺ガン、高血圧、高脂血症、糖尿病などに関するデータを集め、治療に役立てようとしている。Society5.0の社会はAIで様々な難問を解決すると期待されているが、医学界ではそれがすでに始まっていた。

AIの診断で、「あなたの数値はリスクが高い状態ですから、高血圧の薬を飲みましょう。高脂血症の値も高いので、その薬も」という診断に直結してしまう可能性が高くなる。しかし、AIが出した数値がいくら高いとしても、医師と患者とのコミュニケーションがとれていなければ、患者にとってはありがたくないアドバイスである。患者がどのような生活をしているのか、どのような食生活・運動をしているのか、どのような人生観をもっているのかといったことを考慮しないで、AIの数値だけで人間の体を判断すると逆にリスクが高くなるような気がしてならない。

このような私にとって門外漢の医療に関して言及するのは、以前からの知り合いの医師（精神科）に、エビデンスのことを聞いた時（5年ほど前）の彼の返答が、今でも耳に残っているからである。その場を簡単に再現すると次のようになる。

「教育界ではエビデンスという用語が使われ始めたけど、医療はもっと前だよね。エビデンスについてどう思う」「う～ん。エビデンスは確かに必要だけど、医療はアートだよ！」「え、あのリベラルアーツのアート？」「そうだよ。数値で人体の不具合を発見しても、どのように治療するのかは、患者さんをよく診て、お互いが納得するのが医療だよ」「そうか、美術や音楽といった芸術・アートは、人と人との触れ合い、気持の通い合いでつながっていると考えると、医療をアートととらえることができるね」

ここで農業と医療を例にとったのは、Society5.0が想定する仮想空間で必要とされる人間の能力・学力を示したかったからである。このように考えてくると従来の学力観とSociety5.0の社会で求められる能力・学力は、これまでとそれほどの違いはないと思われる。あるとしたら、AIの活用法、正しい情報を収集する「力」と他の人のことを思う倫理観が求められるのではないだろうか。

【注】
※1　GIGA⇒Global and Innovation Gateway for All（すべての子どものためのグローバルで革新的な入口）全ての小・中・高生に1台のコンピューター（PCやタブレットなど）を持たせ、高速ネットワーク環境を構築する計画。（2023年度中に完成予定）
※2：STEAMは、STEMにArtsのAをはさんだ用語である。両用語とも21世紀初めの頃からアメリカから広まった。STEM⇒Science（科学）、Technology（技術）、Engineering（工学）、Mathematics（数学）の頭文字。STEAM（スティーム）⇒STEMにArts（リベラルアーツ）を入れる

【参考文献】
●現代の社会背景を知りSociety5.0の理解を助ける本
・小宮山博仁著『持続可能な社会を考えるための66冊』明石書店、2020年
●これから求められる学力・能力に関しての本
・小宮山博仁著『危機に対応できる学力』明石書店、2022年
●閉塞した日本の社会を知るための本
・小野善康著『資本主義の方程式』中公新書、2022年
・金子勝著『平成経済 衰退の本質』岩波新書、2019年
・吉見俊哉『平成時代』岩波新書、2019年
●GIGAスクールの実態を知る資料
・「小中学校の学習指導に関する調査2021ダイジェスト版」ベネッセ教育総合研究所
●文化資本や格差社会を知る本
・P・ブルデュー著、石井洋二郎訳『ディスタンクシオンⅠ、Ⅱ』藤原書店、1990年

持続可能な社会、誰一人取り残さない社会・教育

岩手県平泉町の金色堂から近くの池に「中尊寺ハス」がある。「中尊寺ハス」とは古代ハスで、1950年金色堂発掘調査で四代泰衡首桶から約100粒の蓮種が発見された。その種が開花し中尊寺の池に植えられた。蓮の種は自らの生き残り戦術で時空を超える。ヒトの胎児は母胎で地球36億年の生命進化を経て生まれる（290日間）。現在人類は生まれてから仮想空間までバーチャル世界に入り込んでいる。この現実世界は時空を超え、内閣府は「2030年までに、1人で10体以上のアバターを構築する」としている。その時、教育はどう対応するのだろうか?

持続可能な社会に向けた教育
グローバル化時代の持続可能社会の教育を展望する

教師になり、ひたすら授業をやり続け、その数1万回は超える。満足した授業は数えるほどしかない。あの時ああすればよかった、子どもにこう訊けばよかったと思いは尽きない。40年前と今の自分の授業は全く異なっている。全てのものは変化する。私も子どもも社会も絶えず変わりつつあるからである。授業つくりの現在は、多元化、多質化し、一人一人を生かす授業つくり、教材つくりは非常に重要な意味を持つ。現在（今）は存在しない。あるのは過去と未来を繋げる「今（現在）」だけだ。

授業は学習素材（教材研究）に何と出会うか、「時間と空間（事象）」を取り出したが、この時間をはぎ取る脳の仕組みは未だわからない部分が多い。

> 「視覚には視覚皮質、聴覚にも聴覚皮質。運動は運動皮質、皮膚感覚は、体性感覚皮質がある。（fMRIで脳の局所活動は解析）。しかし、時間皮質は見つかっていない。これは脳の広範囲に使用で脳のグローバ

ルなネットワーク活動の結果、時間知覚が生まれる」（四本裕子1976年、東京大学 大学院総合文化研究科准教授）

この40年間、教師を取り巻く世界は激変した。世界状況も激動し、1970年代の「宇宙船地球号」認識も大きく変化した。なぜなら戦後「東西対決」から、現在は排他的な自国中心主義的「多極化時代」を迎えた。持続可能な社会で、多極化時代の世界観、価値観の共有は困難で、そこで授業つくりも変化せざるを得ない。そのため、教師は何事にもとらわれない信念と、職業としての教師の尊厳が問われている。

場面の再現は不能である!

> ・「世界は『実在すべてを包括する集合』で、実在的視点では、世界は際限なく増加する。（それ故に）
> ・「無限の意味の場をすべて包摂する意味の場（世界）は存在しない」

私はそれらを意識し、グローバル化時代の持続可能社会の教育を展望したい。

私の立場はこうである。

> 人はみな、本来、自由の感覚、意志を持っています。ところが、現代の哲学、科学、テクノロジー、そして経済が人々の自由に影響を与え、自ら欲望の奴隷と化したという議論があります。私たち人間は自由です。自らがもたらした不自由の呪縛から、脱出せねばなりません。—ニューヨーク滞在のマルクス・ガブリエル— 2019年—
> *この場合の「自由」とは「liberty」よりは「freedom」（～から解放される状態）をさす。

善元幸夫

目白大学非常勤講師

授業提案——感覚教育・地域発信教育

　子どもは大人になるためのプロセスではない。子どもには子ども独自の世界があり、子どもの見方がある。私たち教師の仕事、それは子どもの持つ「感覚」を豊かにすることで、私はそのために授業をする。

> 「子どもが最初に感じる感覚は、純粋に感情的なものだ。子どもは快、不快をみとめるにすぎない。歩くことも、物をつかむこともできないかれらは、長い時間をかけて、すこしずつ、かれら自身の外にある物体を示してくれる表象的感覚を形づくる。しかし、それらの物体がひろがり、いわばかれらの目から遠ざかっていき、大きさや形が見えてくるまでに、効果的な感覚のくりかえしが子どもを習慣の力に従わせることになる。」
>
> （J・J・ルソー著、今野一雄訳『エミール』（上巻）、
> 岩波書店、1962年、p.72）

（1）ベトナムでの授業実践（感覚教育）
　　単元「太陽と山に住む人たち」

　2008年、ベトナム教育視察団が東京都新宿区立大久保小学校の総合学習を視察。ベトナムの子どもたちに現地で授業をやってほしいとの依頼を受けた。

　ハノイから北へ80キロの中国国境近くの山間地、少数民族のタイー族と苗（モン）族28名。このタイグエン省の産業の多くは農林業、子どもたちは3キロ先から登校し、帰宅後は家の手伝い。牛の世話をする子もいる。

①本授業の目的

　多民族国家ベトナムは、1945年独立国家樹立以降、少数民族の言語と文化の尊厳の保障を憲法で掲げてきた。母語（民族語）文化の継承発展と普通語（ベトナム語）習得を両立させるバイリンガル教育を行ってきた。本授業はその視点に立ち、日本で「日本語を母語としない子どもたちの日本語教育」の教育実践の成果に基づき、ベトナムの少数民族・タイー族とモン族の子どもたちがまなぶ教室で行った授業とその総括である。

②なぜ「太陽と山に住む人たち」の授業を行うのか

・国際化の中で、次の世代を生きぬく子どもたちにメッセージを贈りたい。「お互いが知らない」ということが偏見や差別につながっており、国境を越えた国際理解の教育を考えてみた。

・国際感覚を身につけ、多文化の教育を実践するためには子どもたち自らが生活の中で「自分自身、自分たちの文化・生活」を学ぶことで、自分たちの未来に対する選択の可能性をひろげ、「自尊の感情」の形成を培うことができると考える。

・また人間はともすると他者に対して偏見などにより自らの価値観を強要することがある。自分と異なる文化を知り、他国との相互理解を広げていきたい。

・本授業は多文化・多言語社会の原点に立ち、世界もそのような原理からなっていることを自らの文化と関連付けて考えることである。

・地球を一つの星として「宇宙船地球号」を考えるとき太陽に注目したい。私たちは太陽の中で進化を繰り返してきた。太陽と子どもたちの地域・山村について愛着を持ち、子どもたちが地域で生きるアイデンティティ形成と重ねて考えていきたい。

・人間とは何か、ベトナム人はどこから来たのかを考える。子どもたちが、アフリカからの民族の移動の歴史を知り、ベトナムは多民族・多文化の国であることがわかり、それは世界理解にもつなが

ることがわかり、未来が「持続する社会」になるためには何が重要なのであろうか。

③授業の実際

2009年12月27日、第1回授業は「太陽と山に住む人たち」。「ベトナム5千年の歴史」を踏まえ、村の生活をもう一度見つめ、子どもたちの自らの未来を考えた。

第2回目はその半年後、村の仕事、村の農業を知り、ティーパーティを6グループでやることにした。「日本茶、紅茶、タイグエン茶」の利き茶である。ベトナム茶（タイグエン茶）と玉露の違いは分かるか？　世界で緑茶は少ないが、子どもたちは日本茶とベトナム茶の区別ができるかだ。子どもたちが、自らの生活の中で「自分自身、自分たちの文化・生活」を学ぶことで、自分たちの未来に対する選択の可能性をひろげ、「自尊の感情」の形成を培いたいと構想した授業であったが、結果はなんと9割の子がタイグエン茶を言い当てた。これはホントに驚きである。日本の高級茶よりおいしい自分たちのお茶の存在に気が付いたのだ。

利き茶が授業なのか。実は味覚教育・食育教育はフランスがその歴史は長い。その食育活動で重要なのが『味覚週間』と呼ばれる国民的な食育イベント。1990年にスタートしたこのイベントは、毎年、フランス全土で開催されている。日本の教育でも感覚を豊かにすることが大切だと考え、私は「利き水」の授業を

ベトナム・キュウドアング小学校
4年　「太陽と山に住む人たち」

研究テーマ
多文化共生を生きる価値観の形成を築く教育を求める
　　——マイノリテイの自尊感情の形成のために——

授業を行ったCuc Duong小学校は（ハノイから北西90キロ、都市タイグエンから2時間の山村にある。過疎の少数民族の子どもたちに、自尊感情を養う授業を試みた。

1　単元のねらい：なぜ「太陽と山に住む人たち」の授業を行うのか
①子どもたちが、自らの生活の中で「自分自身、自分たちの文化・生活」村の生活をもう一度見出し、自分たちの未来の生き方の可能性をひろげ、「自尊の感情」の形成を培っていきたい。
②地球を「宇宙船地球号」として，一つの星と考えるとき、国境を越えて沖縄とベトナムをつなげ、現代を生きるキュウドアングの子どもと、沖縄との対話を試みたい。前回の授業では人類の移動と太陽に注目した。そこで今回は両国の労働・食文化から考える。
③人類はアフリカから東方に移動したのに対し、中国から発生したお茶の文化について注目してみたい。お茶は中国から日本そして西方に広がっていった。クウードアン小学校の付近は茶の名産地である。子どもたちの地域・山村について愛着を持ち、子どもたちが地域で生きるアイデンティティ形成と重ねて考えて生きたい。

2　単元名・単元の構成
①単元名「太陽と山に住む人たち」（1時間）ベトナム通訳付き
②単元の構成
・私たち人類はアフリカから始まった。
・およそ3万年前に来たベトナムの一対はその後さまざまなルートでベトナムに来た。現在その民族の数は54になる。
・お茶は中国の雲南省を起源としベトナムにも広がっていった。その広がりは世界中におよび東アジアは緑茶の文化圏を持つまでになった。
・沖縄は西方からの人類の移動で特に南方からの移動、沖縄人を形成した。沖縄についてもっと知り、**共通の食文化、お茶を体験しよう。**
＊一見、子どもにとって不利益なこと、つまらないと思われていることが、子どもの生きる上で重要であることに気がつく。

3　授業の展開　　総合学習（国際理解）
①授業のポイント1
・人間と太陽の歴史・今あなたはどこにいるのか！
・私たちはどこから来たのか
②授業のポイント2
・村の生活・親の仕事・そして命にふれる
親はどんな仕事どんなことに工夫をしているかを考え、人間と自然の調和考える。動物は動物・植物を食べないと生きてはいけない。

1990年代に行った。それが今回の授業のヒントとなった。

言語や文字や概念による教授に対し、事物や事象を直接観察し、その感覚的代理物の絵、標本模型などを提示し、児童・生徒に具体的に学習させる感覚教育。その起源が感覚論的直観教授で、コメニウスが最初の提唱者である。彼は、「事物こそ認識の対象である」という立場から、「主観と客観の2項対立」は危険な落とし穴が潜むとし、「直感」を重視して、その感覚（直感）こそが事物を取られることができるとした。そんなことを意識しながら、私は「利き水」の授業を行ってきたのだ。

（2）東京都新宿区立大久保小学校での授業実践
　　（地域発信教育）
　　単元「鯨はなぜ海に戻ったのか」（オリジナル版）

哺乳類であるクジラは、かつて海から這い上がり、陸上に住んでいた。5300万年前の出来事である。クジラはやがて海に戻る。壮大な進化の物語である。ではなぜクジラは海に戻ったのか。このことを考えながら私たちが目の前の生起する現実から未来を考えてみる。この授業で鯨の進化の過程を学び「自らの人生は自分で考えていい」ことに気がつき、自分の未来の選択の可能性を広げていきたい。

それを意識して創った授業が「鯨はなぜ海に戻ったのか」。それは一枚のミウ（5年生）の作文から始まった。

新宿区立大久保小学校日本語学級で韓国から来たミウ（5年）がこんな作文を書いた。

> 「ぼくのこと　　　ミウ5年
> 　ぼくは韓国が大好き　一番好きなのは国民だ　国民はやさしいから好き　ぼくは日本に来て一年たった　でもぼくは韓国語を忘れちゃった　ぼくは悲しい　ぼくはこのままで日本人になるのかな」

日本語学級で学ぶミウには「日本人に同化」するという意識が生まれ、「自分の根っこ」（アイデン

ティティ）が大きく揺らいでいる。そこで日本語の教材「鯨はなぜ海に戻ったのか！」を作成し、次のような授業を行った。

「地球史から自分の未来を考える」

①「無生物の地球」から生物が誕生した。

②生まれた生物は海から陸上に上がり、ヒトになった。

③その生物進化の過程で、地球全体が「全球凍結」し、生物の絶滅危機時期が来る。その時期は生物大進化に重要で、全球凍結を経て氷が融解する過程で大量の酸素とバクテリアが生成され、それが様々な生物となり、ヒトが生まれた。

④「全球凍結」があってこそ現在のホモサピエンス（ヒト）が生まれた。

⑤生物進化の過程で、絶滅の危機から生きるためにクジラは海に戻っていった。

⑥自分の人生は自分で決めてよい

> 授業［全球凍結］の授業がおわって
> 「ぼくのこと　　　ミウ
> 　ぼくはまず地球の生物の歴史についてべんきょうしました。人間はバクテリアから生まれたことを知りました。それでバクテリアが生まれたのは、「全球凍結」のおかげなのです。「全球凍結」がなかったら、人間もバクテリアもなくなります。そんなら、ぼくたちは今もいません。ぼくも日本にきて、韓国語をわすれて悲しかったです。
> これは全球凍結と同じです。ぼくは前「日本人になるのかな」と書いたけど、今の考えは韓国人になりたいと思いました。」

・子どもにとって嫌なこと、不利益なこと、不可解なことは子どもが生きる上で重要である。だから学ぶことは楽しい。「進化歴史」のダイナミズムは人の想像力を超える世界があるのを知ることである。この授業はさらに深化、分岐する。

（3）沖縄県石垣市での授業実践（地域発信教育）
　　石垣改訂版「鯨はなぜ海に戻ったのか」

この授業を沖縄で行ってみた。

沖縄のマングローブは生物の多様性に富み豊かな

生態系を作り出す。満潮時にマングローブ林は海水に満たされ、水中にたくさんの小魚が小さな動物プランクトンなどを食べる。今、そのマングローブが激減している。おもしろいことにマングローブは種絶滅を阻む2つの方法を持つ。

　一つは「種が直接土に刺さる」ことで群落をつくること。しかし、もう一つの生き残り戦略は「種の絶滅を避けるために漂流し、「別の島」で繁茂することだ。これが生物多様性である。環境に適合しながら自分らしくしたたかに生きようとするマングローブの姿から学ぶ子どもたち。元来この「鯨はなぜ海に戻ったのか」の授業は自らの意志とかかわりなく、親の都合で日本に来た子どもに対して、子どもたちに「自由に生きてよい」と言うのが私のメッセージであった。はじめに子どもありき、そこから学習素材を創るとの思いがあった。子どもたちが海に戻った鯨の進化の過程を学び「自らの人生は自分で考えていい」ということに気がつき、自分たちの未来に対する選択の可能性を広げ、「自尊の感情」を培いたい。

誰一人取り残さない教育

（1）教育の役割
　グローバル化時代が多極化の方向で模索する現代、日本の教育はどうなるか。総合科学技術・イノベーション会議　教育・人材育成ワーキンググループ（第5回）〈2021年12月7日〉で岩本悠委員（中央教育審議会、産業構造審議会委員）はこう述べている。

> 「これは都会のグローバルな人が都会の教育・人材育成に偏っている。特に地方暮らしの方には共感を得られない。地域間格差を拡大の方向に見える。Society 5.0は地域と都会の格差を理解し進めていく。その視点を入れると共感が広がる」

　次期学習指導要領を見据え、私は教育の役割を述べておきたい。教育は教育課程を出すが、教科書やICT教育などで教育の方法まで立ち入るのはどうだろうか。教育の魅力が失せる。そして現在、進行していることは学生が未来の職業に教員を選択しなくなっている実態だ。昨年、教員の精神疾患による休職者が5800人と増え続けている。そして教員希望者が減り続けている。何よりも日本はこの40年間、不登校の子どもが増加している。2022年10月27日、文部科学省は「児童生徒の問題行動・不登校等生徒指導上の諸課題に関する調査結果（2021年度）」を公表した。小・中・高等学校、特別支援学校の「いじめ」認知件数は61万5351件で、前年度に比べ19.0％増加。小・中・高等学校の「暴力行為」の発生件数も、7万6441件で、前年度から15.5％増加している。小・中学校不登校児童生徒数は24万4940人で、過去最多となった。いまこそゾクゾクワクワクの授業を創っていきたい。

（2）再び、教師の何事にもとらわれない信念、職業としての教師の尊厳とは
　米沢富美子氏は日本の理論物理学者で固体物理学を専門とされている（1996年・日本物理学会会長）。米沢氏は「曖昧」とは積極的、探究的な意味があり、物理学でも「解らないことが分かった」として「あいまいさの科学」を提唱した。私たちは、子ども中心に授業を組み立て「問題解決型」の授業を目指してきた。しかし物理学的見地ではかなり異なる。問題解決だけでなく、問題発見でその極意は「あいまいさ」が科学を導くとした。実に示唆深いことではないだろうか。

（3）教育をめぐる懸念される状況
①全国・学力学習状況調査
　全国学力テスト上位・石川県の場合
　2022年「事前対策問題」馳知事「本来の趣旨に

● Profile

よしもと・ゆきお　1950年生まれ。埼玉県出身。1973年東京学芸大学卒業後、中国や韓国から日本に戻ってきた子どもたちのための日本語学級（江戸川区立葛西西小学校）に勤務。様々な総合学習の授業をつくりながら、外国の子どもたちが日本の社会に溶け込めるよう新宿区立大久保小学校の日本語国際学級の担任になる。現在、国際協力論、日本語教育、生涯学習など担当。「外国にルーツを持つ子どもたち」や「総合学習」に関する論考、『ぼくいいものいっぱい』（こどもの未来社）『教師は今何をすべきか』（小学館）など著書多数

沿って実施されるべき」NHK10月14日

　石川県の馳知事は全国学力テストで、県内の多くの学校で授業時間を削り、子どもに対策用問題を解かせていることが明らかになったのを受け、「学力テストは、児童生徒学力、学習状況を把握、分析を行い、フィードバックで、教員の指導力向上、学習環境の改善に役立てるのを目的としている。調査前に過度対策を講じるのは、調査趣旨と目的を損なうと考えている」とコメントした。

　地方行政トップの知事による「学力テスト」批判はその背景にある「学力」とは何かも含め「学力神話」の崩壊を意味することではないだろうか。

②デジタル教科書・タブレット端末の身体・授業への影響検証

・アメリカの専門誌『Pediatrics（小児科学）』も「普通に遊ぶ代わりにタブレット端末を使っている子供は、のちのち算数や理論科目を学ぶために必要な運動技能を習得できない」と警告。

・カロリンスカ医科大学附属病院（スエーデン）小児科のH・ラーゲルクランツ教授は、小さい子供の場合、タブレット端末利用で発達が遅れる可能性があると指摘している。

・韓国では2015年からデジタル教科書使用が解禁。それに先立ちデジタル教科書導入実験では「成績レベルが高く大都市の児童にはほとんど効果が見られなかったが、成績レベルが低いあるいは地方（特に田舎）に住む児童には成績の向上が見られた」と報告（『フューチャースクール戦略と課題』2012年7月第44回）。

・スペインのバレンシア大などは、紙とデジタル画面で文章理解を調べた。小中高生と大学生計約17万人を比べた結果、情報量の多い論説文は、紙ベースの方が理解度において高い傾向。

・国語教科書の宮沢賢治の童話「やまなし」には、正体不明の存在「クラムボン」が何であるか明確な説明はなく、想像で様々な解釈が成り立つ。神奈川県のある小学校では、クラムボンを考える課題を出したら子どもは自ら考える前に端末で検索したという。

・スマホ依存・24時間スマホを使わせない実験（10か国の学生1000人）では半数以上の学生が禁断症状を起こし、実験が断念される。デジタルデバイスを幼い頃から利用することで、発達が阻害され、禁断症状が出るほどの依存症になってしまう可能性もあると警告。

（4）教えから学びの学習転換を！―子ども中心主義とは？―

　今、内閣府のムーンショット計画をはじめ、国主導の教育構想が様々に動いている。文部科学省以外の他省庁からの要請も顕著になってきた。しかし、私たち教師が目の前の子どもたちと向き合う姿勢はぶれてはいけない。以下に、授業をつくるための私なりの考えをまとめてみたい。

①学校は何をするところなのかを捉え直す

②授業のスタイルを変える

・「教師は黒板を背にして、教科書をそのまま教え込む学習スタイル」がいいのか？

・授業を「教え込む対象として子ども」をみない。

・「教育の主体として子ども」をとらえる。

・授業で知識や技能を子ども自らが考える。

・授業は子どもたち一人一人の学習過程を大切にする。

③対話型による授業

　教育の中で授業改革が重要だ。従来型の「教師の教え込みから子どもの学び」を大切にする「小さな授業革命」が求められる。そのための授業形態の基本は「対話型の学習」。教師がどう教えたかではなく、子どもがどう学んだかが重要である。

　子どもたちは一人一人異なる。考え方、思考も異なる。グループ討議を十分に保障することは「未来の教育」にとって重要だ。

●『令和の日本型学校教育』を担う教師の養成・採用・研修等の在り方について
～「新たな教師の学びの姿」の実現と、多様な専門性を有する質の高い教職員集団の形成～ **（答申）** ［抜粋］

令和４年12月19日
中央教育審議会

第Ⅱ部　各論

1.「令和の日本型学校教育」を担う教師に求められる資質能力

（1）教師に求められる資質能力の再整理

　教師に求められる資質能力については、平成29年３月に策定された「公立の小学校等の校長及び教員としての資質の向上に関する指標の策定に関する指針」においても、指標に盛り込むべき内容に係る観点として、

・教職を担うに当たり必要となる素養（倫理観、使命感、責任感、教育的愛情、総合的な人間性、コミュニケーション力、想像力、自ら学び続ける意欲及び研究能力）
・教育課程の編成、教育又は保育の方法及び技術に関する事項（カリキュラム・マネジメントによる教育活動の充実、主体的・対話的で深い学びの実現に向けた授業改善、情報手段や教材・教具、情報機器の活用を含む。）
・学級経営、ガイダンス及びカウンセリングに関する事項
・幼児理解、児童理解、生徒理解及び生徒指導・キャリア教育に関する事項（いじめ等児童生徒の問題行動への対応、不登校児童生徒への支援、情報モラルに関する理解を含む。）
・特別な配慮を必要とする幼児、児童及び生徒への指導に関する事項（障害のある幼児、児童及び生徒への指導を含む。）
・学校運営に関する事項（学校安全への対応、家庭や地域社会との連携及び協働、関係機関及び学校間の連携・接続を含む。）
・他の教職員との連携及び協働に係る事項（若手教員の育成を含む。）

が列挙された。

　一方、令和３年答申が示した教師像を、「教職生涯を通じて探究心を持ちつつ自律的かつ継続的に新しい知識・技能を学び続け、子供一人一人の学びを最大限に引き出す教師としての役割を果たしている。その際、子供の主体的な学びを支援する伴走者としての能力も備えている」と示していること、また、具体的に必要な資質能力として、ファシリテーション能力やICT活用指導力等が挙げられていることなども踏まえ、構造的に再定義する必要がある。

　その際、各資質能力を表す具体的な能力の記述（能力記述文）については、単なる知識（概念）の理解にとどまらず、可能な限り、「～しようとする」「行動できる」「説明できる」といった意欲や行動レベルで、できるだけ簡潔に記載することが重要である。ただし、法令に基づく指針上の記述は大綱的なものにとどめ、具体的な資質能力や、能力記述文については指針とは別に定めることで、状況の変化に柔軟に対応できるようにするべきである。

　こうした考え方を踏まえ、文部科学省は、令和４年８月31日に指針を改正した。その中では、各自治体が指標の内容を定める際の柱を、以下の５項目に整理した。

　　①教職に必要な素養
　　②学習指導
　　③生徒指導
　　④特別な配慮や支援を必要とする子供への対応
　　⑤ICTや情報・教育データの利活用

　また、「公立の小学校等の校長及び教員としての資質の向上に関する指標の策定に関する指針に基づく教師に共通的に求められる資質の具体的内容」については、別に定めた。

　今後、任命権者たる各教育委員会においては、改

公立の小学校等の校長及び教員としての資質の向上に関する指標の策定に関する指針に基づく教師に共通的に求められる資質の具体的内容

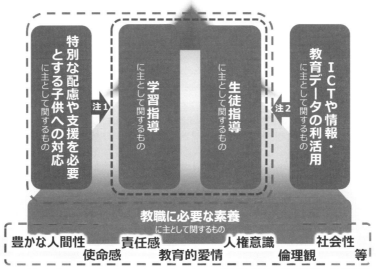

※ 上記に関連して、**マネジメント**、**コミュニケーション（ファシリテーションの作用を含む）**、**連携協働**などが横断的な要素として存在

注１）「特別な支援・配慮を必要とする子供への対応」は、「学習指導」「生徒指導」を個別最適に行うものとしての位置付け

注２）「ＩＣＴや情報・教育データの利活用」は、「学習指導」「生徒指導」「特別な配慮や支援を必要とする子供への対応」をより効果的に行うための手段としての位置付け

教職に必要な素養 に主として関するもの	・「令和の日本型学校教育」を踏まえた新しい時代における教育、学校及び教職の意義や社会的役割・服務等を理解するとともに、国内外の変化に合わせて**常に学び続けようとしている**。 ・豊かな人間性や人権意識を持ち、他の教職員や子供達、保護者、地域住民等と、自らの意見も効果的に伝えつつ、**円滑なコミュニケーション**を取り、**良好な人間関係を構築**することができる。 ・**学校組織マネジメント**の意義を理解した上で、限られた時間や資源を効率的に用いつつ、学校運営の持続的な改善を支えられるよう、校務に積極的に参画し、**組織の中で自らの役割を果たそうとしている**。 ・自身や学校の強み・弱みを理解し、自らの力だけではできないことを客観的に捉え、家庭・地域等も含めた**他者との協力や関わり、連携協働を通じて課題を解決しようとする姿勢**を身に付けている。 ・子供達や教職員の生命・心身を脅かす事故・災害等に普段から備え、様々な場面に対応できる**危機管理の知識や視点**を備えている。
学習指導 に主として関するもの	・関係法令、学習指導要領及び**子供の心身の発達や学習過程に関する理解**に基づき、子供たちの「**主体的・対話的で深い学び**」の実現に向けた**授業改善を行う**など、「個別最適な学び」と「協働的な学び」の一体的な充実に向けて、**学習者中心の授業を創造**することができる。 ・**カリキュラム・マネジメント**の意義を理解し、教科等横断的な視点や教育課程の評価、人的・物的な体制の確保・改善等の観点をもって、組織的かつ計画的に教育課程を編成・実施し、常に学校の実態に応じて改善しようとしている。 ・**子供の興味・関心を引き出す教材研究**や、他の教師と**協働した授業研究**などを行いながら、**授業設計・実践・評価・改善等**を行うことができる。 ・各教科等においてそれぞれの特質に応じた見方・考え方を働かせながら、資質・能力を育むために必要となる**各教科等の専門的知識**を身に付けている。
生徒指導 に主として関するもの	・子供一人一人の特性や心身の状況を捉え、**良さや可能性を伸ばす姿勢**を身に付けている。 ・生徒指導の意義や原理を理解し、**他の教職員や関係機関等と連携**しつつ、個に応じた指導や集団指導を実践することができる。 ・教育相談の意義や理論（心理・福祉に関する基礎的な知識を含む。）を理解し、子供一人一人の課題解決に向け、**個々の悩みや思いを共感的に受け止め**、学校生活への適応や人格の成長への援助を行うことができる。 ・キャリア教育や進路指導の意義を理解し、**地域・社会や産業界と連携**しながら、学校の教育活動全体を通じて、子供が**自分らしい生き方を実現するための力を育成する**ことができる。 ・子供の心身の発達の過程や特徴を理解し、一人一人の状況を踏まえながら、**子供達との信頼関係を構築**するとともに、それぞれの可能性や活躍の場を引き出す**集団づくり（学級経営）**を行うことができる。
特別な配慮や支援を 必要とする子供への対応 に主として関するもの	・**特別な配慮や支援を必要とする子供の特性等**を理解し、**組織的に対応**するために必要となる知識や支援方法を身に付けるとともに、**学習上・生活上の支援の工夫**を行うことができる。
ICTや情報・ 教育データの利活用 に主として関するもの	・学校におけるＩＣＴの活用の意義を理解し、**授業や校務等にICTを効果的に活用**するとともに、**児童生徒等の情報活用能力（情報モラルを含む。）を育成するための授業実践等**を行うことができる。 ・「個別最適な学び」と「協働的な学び」の実現に向け、児童生徒等の学習の改善を図るため、**教育データを適切に活用する**ことができる。

注）記述量と必要な学修量とは、必ずしも比例しない。

〔出典〕https://www.mext.go.jp/content/20220831-mxt_kyoikujinzai01-000024760_3_4.pdf

正された指針を参酌しつつ、地域の実情に応じ、校長及び教員としての資質の向上に関する指標の変更など必要な見直しを行うことになる。また、変更する場合には、教育公務員特例法に規定する協議会での協議が必要になる。

（2）指針の改正及び教員育成指標の見直し、「教師に共通的に求められる資質能力」を踏まえた教職課程の在り方

教師に共通的に求められる資質能力を再整理したことを踏まえ、教職課程の在り方についても検討する必要があるが、ここで示された資質能力の多くは、既に現行の教職課程におけるコアカリキュラムの内容で充分カバーされている。また、「④特別な配慮や支援を必要とする子供への対応」については令和元年度、「⑤ICTや情報・教育データの利活用」については令和4年度から、教職課程の中で対応する科目がそれぞれ必修化されたところである。

こうした状況を踏まえると、現時点で、教育職員免許法施行規則において定められる普通免許状の授与に必要な「教科及び教職に関する科目」を改正し、各大学に再課程認定の手続きを求めるまでは要しない。

一方、教職課程コアカリキュラムについて、策定当初から、「教職課程で修得すべき資質能力については、学校の巡る状況やそれに伴う制度改正（教育職員免許法施行規則、学習指導要領等）によって、今後も変化しうるものであるため、今回作成する教職課程コアカリキュラムについては、今後も必要に応じて改訂を行っていくことが望まれる」とされていたところである。この点を踏まえ、文部科学省においては、「教師に共通的に求められる資質能力」と教職課程コアカリキュラムの整合性を確認した上で、必要に応じて改訂を検討すべきである。

（中略）

2．多様な専門性を有する質の高い教職員集団の形成

（4）校長等の管理職の育成及び求められる資質能力の明確化

校長に求められる基本的な役割は、校務をつかさどり、所属職員を監督することであり、その職務を遂行する上では、学校経営方針の提示、組織づくり及び学校外とのコミュニケーションの3つの重要性が高まっている。

これらの基本的な役割を果たす上で、校長には、教師に共通的に求められる資質56を基礎として、従前より求められている教育者としての資質や的確な判断力、決断力、交渉力、危機管理等のマネジメント能力に加え、これからの時代においては、特に、様々なデータや学校が置かれた内外環境に関する情報について収集・整理・分析し共有すること（アセスメント）や、学校内外の関係者の相互作用により学校の教育力を最大化していくこと（ファシリテーション）が求められる。

また、校長のマネジメントについても、学校で働く人材の多様化が進む中で、職場の心理的な安全を確保し、働きやすい職場環境を構築するとともに、教職員それぞれの強みを活かし、教師の働きがいを高めていくことが一層求められる。

他方、校務をつかさどる校長は、学校組織のリーダーとして、教員の人材育成について、大きな責任と役割を担っており、教師の自律的な成長を促すべき存在である。今回の教育公務員特例法の改正により、新たに、研修等に関する記録を活用した資質の向上に関する仕組みが導入されたが、校長は、指導助言者である教育委員会の服務監督の下、実質的な指導助言者としての役割を担い、一義的な責任を負うことになる。

こうした点を踏まえ、指針においては、校長に関する指標を別に定めることを明記した。今後、任命権者は、校長に関する独自の育成指標を策定し、副校長、教頭、主幹教諭等、将来校長になることが想定されている教師も含めて計画的な育成を図ってい

く必要がある。

　以上のように、今後一層役割が大きくなる校長自身の学びを支援することも重要となる。その点、教職大学院とも連携した専門家など外部有識者からの学びのほか、校長同士の学び合いは、各学校におけるマネジメント能力の向上に有効であり、全国的な校長研修を通じた域内における伝達研修・協議や校長会等による自主的な研究・協議などが一層促進されるべきである。さらに、特に新任校長については、域内のネットワークを活用した先輩校長からの日常的な支援やフィードバックがあることも有効と考えられる。

　また、校長等の学校管理職に対する研修の際には、受講者の360度評価や自校の教職員アンケート等を研修の前後に実施し、マネジメント面での成果確認を行うことも有益と考えられる。

　文部科学省においては、今年度から、新任校長に対して、学校運営や人材育成に係るマネジメント力向上に向けた研修を実施するとともに、校長同士のネットワーク構築を図ることを目的とした、オンラインと対面を併用したハイブリッド研修をいくつかの自治体で開催しており、来年度以降、更なる展開の検討が必要である。

３．教員免許の在り方
（１）教員免許更新制の発展的解消及び教員研修の高度化

　第Ⅰ部３．（２）②に示したように、教員免許更新制については、「新たな教師の学びの姿」を実現する観点から、子供たちの多様化や社会の変化を踏まえ、教師の学びについてどのような在り方が望ましいのか、制度の存続を前提にせずに検討してきた。

　その結果、審議まとめでは、免許状の効力と関連させながら、10年に１度、２年間の間に全ての教師に一定の学習を求める教員免許更新制は、教師が常に最新の知識技能を学び続けていくという「新たな教師の学びの姿」と整合的とはいえず、かつ、更新しなければ職務上の地位の喪失を招きかねないと

いう制約の上での学びは形式的なものとなりかねないことから、教員免許更新制の発展的解消を提言した。

　これまで教員免許更新制で制度的に担保してきた最新の知識技能の修得については、平成28年の教育公務員特例法の改正による教育委員会における教員育成指標等に基づく体系的な研修の仕組みの導入や、オンライン教育の飛躍的充実、教職員支援機構の機能強化といった教員免許更新制導入後の取組に加え、新たに、教育委員会による教師の研修履歴の記録の作成と当該履歴を活用した資質向上に関する指導助言等の仕組みを導入することにより、総じて代替可能であることを示している。

　今後の研修の在り方について、既に審議まとめで示しているように、教師の学びに充当できる時間が限られている中にあって、およそ教師として共通に求められる内容を一律に修得させるというのではなく、より高度な水準のものも含め、一人一人の教師の個性に即した、個別最適な学びであることが必然的に求められる。すなわち、教師自身が、新たな領域の専門性を身に付けるなど、全教員に共通に求められる基本的な知識技能というレベルを超えて強みを伸ばすことが必要になる。

　一方、座学等を中心とする「知識伝達型」の学習コンテンツを受け身の姿勢で学ぶだけではなく、個別最適な学びとの往還も意識しながら、他者との対話や振り返りなどの機会を教師の学びにおいて確保するなど、協働的な教師の学びも重視される必要がある。こうした機会としては、例えば各学校において行われる校内研修や授業研究など、「現場の経験」を含む学びが、同僚との学び合いなどを含む場として重要である。また、教師自らが研修講師として、自らの得意分野に関する知見を発信する形式の研修も考えられる。

　このため、学校管理職がリーダーシップを発揮して、そうした機会の設定を進めることが重要である。また、オンラインという手法でも、小グループを形成して、互いに学び会う機会を設定するなどの

方法で協働的な学びを実現することは可能であり、様々な機会を捉えて多様な形で提供することを模索していく必要がある。協働的な教師の学びが適切に設定されることによって、個別最適な学びが孤立した学びに陥ることを防ぐことができる。

あわせて、一人一人の教師が安心して学びに打ち込める環境の構築として、審議まとめでは、

- 任命権者又は学校管理職による、教師が自らの職務上の地位について心配することなく、新たな学びに参加しやすくなる資源を獲得できるような環境整備、業務の調整等
- 任命権者や服務監督権者・学校管理職等と教師の積極的な「対話」
- 質の高い有意義なコンテンツの提供
- 学びの成果の可視化と組織における積極的な活用
- デジタル技術の積極的な活用

を示した。

また、「新たな教師の学びの姿」をより高度な形で実現するためには、教育委員会等が実施する研修だけでなく、大学や民間事業者等が提供するプログラムも含めて、

① 明確な到達目標が設定され、到達目標に沿った内容を備えている質の高いものとなるように、学習コンテンツの質保証を行う仕組み

② 学習コンテンツ全体を見渡して、ワンストップ的に情報を集約しつつ、適切に整理・提供するプラットフォームのような仕組み

③ 学びの成果を可視化するため、個別のテーマを体系的に学んだことを、全国的な観点から質が保証されたものとして証明する仕組み

という「3つの仕組み」を一体的に構築することを具体的に構想していくことが必要である旨を提言した。

これを受けて、政府が「教育公務員特例法及び教育職員免許法の一部を改正する法律案」を提出し、本年5月11日に成立した。同年8月31日には、文部科学省は「公立の小学校等の校長及び教員として

の資質の向上に関する指標の策定に関する指針」を改正するとともに、「研修履歴を活用した対話に基づく受講奨励に関するガイドライン」を策定した。

また、同年12月2日には研修履歴記録システム・教員研修プラットフォームの一体的構築や、大学・教育委員会及び学校法人等による「新たな教師の学び」に対応したオンデマンド研修コンテンツや教員研修の高度化モデル開発に関する経費が盛り込まれた令和4年度補正予算が成立した。

今後は、学校管理職等と教師との積極的な対話に基づく、一人一人の教師に応じた研修等の奨励などを通じた教師の資質向上のための環境づくりに向け、国、都道府県教育委員会、市町村教育委員会等が連携協力しつつ、それぞれの役割を果たしていくことが重要である。その際、独立行政法人教職員支援機構が、各教育委員会はもとより、大学・教職大学院、民間企業等の多様な主体とのネットワークを構築しながら、教師の資質向上に関する全国的なハブ機能を発揮していくことが必要になる。

受講奨励は、法律上、指導助言者である教育委員会が行うこととされている。しかし、実際上は、その直接の指揮監督に服し、所属職員の日常の服務監督を行う校長が、適切な権限の委任の下で、副校長・教頭などの他の学校管理職とも役割分担しつつ実施することになる。ただし、当該学校の規模や状況に応じて、適切な権限の委任の下で、主幹教諭など学校管理職以外の者に対して、受講奨励の一部を担わせることも可能である。これらの場合には、あらかじめ、その役割分担や対象とする教師の範囲などの共通認識を図ることが望ましい。

また、研修内容等によっては、教育委員会自らが教師に対し、研修履歴を活用した対話に基づく受講奨励を行うことも考えられる。この場合にも、教育委員会と校長との間で共通認識を図ることが望ましい。

（後略）

〔出典〕https://www.mext.go.jp/b_menu/shingi/chukyo/chukyo3/079/sonota/1412985_00004.htm

●学校部活動及び新たな地域クラブ活動の在り方等に関する総合的なガイドライン [抜粋]

令和4年12月
スポーツ庁
文化庁

本ガイドライン策定の趣旨等

○　本ガイドラインは、少子化の中でも将来にわたり、生徒がスポーツ・文化芸術活動に継続して親しむことができる機会を確保することを目指し、学校部活動が生徒にとって望ましいスポーツ・文化芸術環境となるよう、適正な運営や効率的・効果的な活動の在り方について示すとともに、新たな地域クラブ活動を整備するために必要な対応について、国の考え方を示すものである。

○　学校部活動の地域移行は、「地域の子供たちは、学校を含めた地域で育てる。」という意識の下で、生徒の望ましい成長を保障できるよう、地域の持続可能で多様な環境の一体的な整備により、地域の実情に応じスポーツ・文化芸術活動の最適化を図り、体験格差を解消することを目指すものである。

その際、前述した学校部活動の教育的意義や役割については、地域クラブ活動においても継承・発展させ、さらに、地域での多様な体験や様々な世代との豊かな交流等を通じた学びなどの新しい価値が創出されるよう、学校教育関係者等と必要な連携を図りつつ、発達段階やニーズに応じた多様な活動ができる環境を整えることが必要である。（中略）

○　スポーツ庁及び文化庁は、本ガイドラインに基づく全国の部活動改革の取組状況について、定期的にフォローアップを行う。

I　学校部活動

学校部活動は教育課程外の活動であり、その設置・運営は学校の判断により行われるものであるが、学校部活動を実施する場合には、その本来の目的を十分に果たし、生徒にとって望ましいスポーツ・文化芸術環境となるよう、以下に示す内容を徹底する。

1　適切な運営のための体制整備

（1）学校部活動に関する方針の策定等

ア　都道府県は、本ガイドラインに則り、学校部活動の活動時間及び休養日の設定その他適切な学校部活動の取組に関する「部活動の在り方に関する方針」を策定する。

イ　学校の設置者は、本ガイドラインに則り、都道府県の「部活動の在り方に関する方針」を参考に、「設置する学校に係る部活動の方針」を策定する。

ウ　校長は、学校の設置者の「設置する学校に係る部活動の方針」に則り、毎年度、「学校の部活動に係る活動方針」を策定する。部活動顧問は、年間の活動計画（活動日、休養日及び参加予定大会日程等）並びに毎月の活動計画及び活動実績（活動日時・場所、休養日及び大会参加日等）を作成し、校長に提出する。

エ　校長は、前記ウの活動方針、活動計画及び活動実績を学校のホームページへの掲載等により公表する。

オ　学校の設置者は、前記ウに関し、各学校において学校部活動の活動方針・計画の策定等が効率的に行えるよう、簡素で活用しやすい様式の作成等を行う。なお、このことについて、都道府県は、必要に応じて学校の設置者の支援を行う。

（2）指導・運営に係る体制の構築

ア　校長は、教師だけでなく、部活動指導員や外部指導者など適切な指導者を確保していくことを基

本とし、生徒や教師の数、部活動指導員の配置状況を踏まえ、指導内容の充実、生徒の安全の確保、教師の長時間勤務の解消等の観点から円滑に学校部活動を実施できるよう、適正な数の学校部活動を設置する。

イ　校長は、教師を部活動顧問に決定する際は、校務全体の効率的・効果的な実施に鑑み、教師の他の校務分掌や本人の抱える事情、部活動指導員の配置状況等を勘案した上で行うなど、適切な校務分掌となるよう留意するとともに、学校全体としての適切な指導、運営及び管理に係る体制を構築する。

ウ　校長は、毎月の活動計画及び活動実績の確認等により、学校部活動の活動内容を把握し、生徒が安全にスポーツ・文化芸術活動を行い、教師の負担が過度とならないよう持続可能な運営体制が整えられているか等について、適宜、指導・是正を行う。

エ　都道府県及び学校の設置者は、部活動顧問を対象とするスポーツ・文化芸術活動の指導に係る知識及び実技の質の向上並びに学校の管理職を対象とする学校部活動の適切な運営に係る実効性の確保を図るための研修等の取組を行う。

オ　学校の設置者及び校長は、教師の学校部活動への関与について、法令や「公立学校の教育職員の業務量の適切な管理その他教育職員の服務を監督する教育委員会が教育職員の健康及び福祉の確保を図るために講ずべき措置に関する指針」（令和2年文部科学省告示第1号）に基づき、業務改善及び勤務時間管理等を行う。

カ　学校の設置者は、各学校の生徒や教師の数、部活動指導員の配置状況や校務分担の実態等を踏まえ、部活動指導員を積極的に任用し、学校に配置する。また、教師ではなく部活動指導員が顧問となり指導や大会等の引率を担うことのできる体制を構築する。部活動指導員が十分に確保できない場合には、校長は、外部指導者を配置し、必ずしも教師が直接休日の指導や大会等の引率に従事し

ない体制を構築する。

キ　学校の設置者は、部活動指導員等の任用・配置に当たっては、学校教育について理解し、適切な指導を行うために、学校部活動の位置付け、教育的意義、生徒の発達段階に応じた科学的な指導、安全の確保や事故発生時の対応を適切に行うこと、体罰（暴力）やハラスメント（生徒の人格を傷つける言動）は、いかなる場合も許されないこと、服務（校長の監督を受けることや生徒、保護者等の信頼を損ねるような行為の禁止等）を遵守すること等に関し、任用前及び任用後の定期において研修を行う。

ク　都道府県は、部活動指導員や外部指導者を確保しやすくするため、域内におけるスポーツ・文化芸術団体等の協力を得ながら、指導者の発掘・把握に努め、市区町村等からの求めに応じて指導者を紹介する人材バンクを整備するなどの支援を行う。また、スポーツ・文化芸術団体等は、生徒の多様なニーズに応えられる指導者の養成や資質向上の取組を進める。

2　合理的でかつ効率的・効果的な活動の推進
（1）適切な指導の実施

ア　校長、部活動顧問、部活動指導員及び外部指導者は、学校部活動の実施に当たっては、生徒の心身の健康管理（スポーツ障害・外傷の予防や文化部活動中の障害・外傷の予防、バランスのとれた学校生活への配慮等を含む）、事故防止（活動場所における施設・設備の点検や活動における安全対策等）を徹底し、体罰・ハラスメントを根絶する。特に運動部活動においては、文部科学省が平成25年5月に作成した「運動部活動での指導のガイドライン」に則った指導を行う。都道府県及び学校の設置者は、学校におけるこれらの取組が徹底されるよう、学校保健安全法等も踏まえ、適宜、支援及び指導・是正を行う。

イ　運動部活動の部活動顧問、部活動指導員及び外部指導者は、スポーツ医・科学の見地からは、ト

レーニング効果を得るために休養等を適切に取ることが必要であること、また、過度の練習がスポーツ障害・外傷のリスクを高め、必ずしも体力・運動能力の向上につながらないこと等を正しく理解し、分野の特性等を踏まえた効率的・効果的なトレーニングの積極的な導入等により、休養等を適切に取りつつ、短時間で効果が得られる指導を行う。

ウ　文化部活動の部活動顧問、部活動指導員及び外部指導者は、生徒のバランスのとれた健全な成長の確保の観点から休養等を適切に取ることが必要であること、また、過度の練習が生徒の心身に負担を与え、文化部活動以外の様々な活動に参加する機会を奪うこと等を正しく理解し、分野の特性等を踏まえた効率的・効果的な練習・活動の積極的な導入等により、休養等を適切に取りつつ、短時間で効果が得られる指導を行う。

エ　部活動顧問、部活動指導員及び外部指導者は、生徒の運動・文化芸術等の能力向上や、生涯を通じてスポーツ・文化芸術等に親しむ基礎を培うとともに、生徒がバーンアウトすることなく、技能の向上や大会等での好成績等それぞれの目標を達成できるよう、生徒とコミュニケーションを十分に図った上で指導を行う。その際、専門的知見を有する保健体育担当の教師や養護教諭等と連携・協力し、発達の個人差や女子の成長期における体と心の状態等に関する正しい知識を得た上で指導を行う。

（2）部活動用指導手引の普及・活用

ア　中央競技団体又は学校部活動に関わる各分野の関係団体等は、その分野の普及や水準向上の役割に鑑み、学校部活動における合理的でかつ効率的・効果的な活動のための指導手引（競技・習熟レベルに応じた1日2時間程度の練習メニュー例と週間、月間、年間での活動スケジュールや、効果的な練習方法、指導上の留意点、安全面の注意事項、暴力やハラスメントの根絶等から構成され

る、指導者や生徒の活用の利便性に留意した分かりやすいもの）を作成し、指導実態や状況の変化に応じた必要な見直しを行う。

イ　中央競技団体又は学校部活動に関わる各分野の関係団体等は、前記アの指導手引をホームページに掲載・公開するとともに、公益財団法人日本中学校体育連盟（以下「日本中体連」という。）や都道府県等と連携して、全国の学校における普及・活用を図る。

ウ　部活動顧問、部活動指導員及び外部指導者は、前記アの指導手引を活用して、2（1）に基づく指導を行う。

3　適切な休養日等の設定

ア　運動部活動における休養日及び活動時間については、成長期にある生徒が、運動、食事、休養及び睡眠のバランスのとれた生活を送ることができるよう、スポーツ医・科学の観点からのジュニア期におけるスポーツ活動時間に関する研究も踏まえ、以下を基準とする。

・学期中は、週当たり2日以上の休養日を設ける。（平日は少なくとも1日、土曜日及び日曜日（以下「週末」という。）は少なくとも1日以上を休養日とする。週末に大会参加等で活動した場合は、休養日を他の日に振り替える。）

・長期休業中の休養日の設定は、学期中に準じた扱いを行う。また、生徒が十分な休養を取ることができるとともに、学校部活動以外にも多様な活動を行うことができるよう、ある程度長期の休養期間（オフシーズン）を設ける。

・1日の活動時間は、長くとも平日では2時間程度、学校の休業日（学期中の週末を含む）は3時間程度とし、できるだけ短時間に、合理的でかつ効率的・効果的な活動を行う。

文化部活動における休養日及び活動時間についても、成長期にある生徒が、教育課程内の活動、学校部活動、学校外の活動、その他の食事、休養及び睡眠等の生活時間のバランスのとれた生活を

送ることができるよう、同様とする。

イ　都道府県は、1（1）に掲げる「部活動の在り方に関する方針」の策定に当たっては、前記アの基準を踏まえて休養日及び活動時間等を設定し、明記する。

ウ　学校の設置者は、1（1）に掲げる「設置する学校に係る部活動の方針」の策定に当たっては、前記アの基準を踏まえるとともに、都道府県が策定した方針を参考に、休養日及び活動時間等を設定し、明記する。また、後記エに関し、適宜、支援及び指導・是正を行う。

エ　校長は、1（1）に掲げる「学校の部活動に係る活動方針」の策定に当たっては、前記アの基準を踏まえるとともに、学校の設置者が策定した方針に則り、学校部活動の休養日及び活動時間等を設定し、公表する。また、各部の活動内容を把握し、適宜、指導・是正を行う等、その運用を徹底する。

オ　休養日及び活動時間等の設定については、地域や学校の実態を踏まえた工夫として、定期試験前後の一定期間等、各部共通、学校全体、市区町村共通の学校部活動の休養日を設けることや、週間、月間、年間単位での活動頻度・時間の目安を定めることも考えられる。

4　生徒のニーズを踏まえたスポーツ・文化芸術環境の整備

ア　校長は、学校の指導体制等に応じて、性別や障害の有無を問わず、技能等の向上や大会等で好成績を収めること以外にも、気軽に友達と楽しめる、適度な頻度で行える等多様なニーズに応じた活動を行うことができる環境を整備する。

　具体的な例としては、運動部活動では、複数のスポーツや季節ごとに異なるスポーツを行う活動、競技・大会志向でなくレクリエーション志向で行う活動、体力つくりを目的とした活動、生徒が楽しく体を動かす習慣の形成に向けた動機付けとなる活動等が考えられる。また、文化部活動では、

体験教室などの活動、レクリエーション的な活動、障害の有無や年齢等に関わらず一緒に活動することができるアート活動、生涯を通じて文化芸術を愛好する環境を促進する活動等が考えられる。

イ　都道府県及び市区町村は、少子化に伴い、単一の学校では特定の分野の学校部活動を設けることができない場合や、部活動指導員や外部指導者が配置できず、指導を望む教師もいない場合には、生徒のスポーツ・文化芸術活動の機会が損なわれることがないよう、当面、複数校の生徒が拠点校の学校部活動に参加する等、合同部活動等の取組を推進する。

ウ　校長は、運動、歌や楽器、絵を描くことなどが苦手な生徒や障害のある生徒が参加しやすいよう、スポーツ・文化芸術等に親しむことを重視し、一人一人の違いに応じた課題や挑戦を大切にすることや、過度な負担とならないよう活動時間を短くするなどの工夫や配慮をする。

エ　学校の設置者及び校長は、学校部活動は生徒の自主的・自発的な参加により行われるものであることを踏まえ、生徒の意思に反して強制的に加入させることがないようにするとともに、その活動日数や活動時間を見直し、生徒が希望すれば、特定の種目・部門だけでなく、スポーツ・文化芸術や科学分野の活動や地域での活動も含めて、様々な活動を同時に経験できるよう配慮する。

5　学校部活動の地域連携

ア　都道府県、学校の設置者及び校長は、学校や地域の実態に応じて、地域のスポーツ・文化芸術団体との連携や民間事業者の活用等により、保護者の理解と協力を得て、学校と地域が協働・融合した形での地域におけるスポーツ・文化芸術の環境整備を進める。その際、各地域において、行政、学校、スポーツ・文化芸術団体等の関係者が現状や課題を共有し、今後のスポーツ・文化芸術環境の在り方等を協議する場を設けることも考えられる。

イ　都道府県、学校の設置者及び校長は、地域の実情に応じ、学校種を越え、高等学校、大学及び特別支援学校等との合同練習を実施するなどにより連携を深め、生徒同士の切磋琢磨や多様な交流の機会を設ける。

ウ　公益財団法人日本スポーツ協会（以下「JSPO」という。）、地域の体育・スポーツ協会、競技団体及びその他のスポーツ団体は、総合型地域スポーツクラブやスポーツ少年団等の生徒が所属する地域のスポーツ団体に関する事業等について、都道府県又は学校の設置者等と連携し、学校と地域が協働・融合した形での地域のスポーツ環境の充実を図る。

また、各分野の文化芸術団体等は、都道府県又は学校の設置者等と連携し、学校と地域が協働・融合した形での文化芸術等の活動を推進する。

さらに、学校の設置者等が実施する部活動指導員の任用・配置や、部活動顧問等に対する研修等、スポーツ・文化芸術活動の指導者の質の向上に関する取組に協力する。

エ　学校の設置者及び校長は、地域で実施されている分野と同じ分野の学校部活動については、休日の練習を共同で実施するなど連携を深める。休日に限らず平日においても、できるところから地域のスポーツ・文化芸術団体等と連携して活動する日を増やす。

オ　学校の設置者及び校長は、学校部活動だけでなく、地域で実施されているスポーツ・文化芸術活動の内容等も生徒や保護者に周知するなど、生徒が興味関心に応じて自分にふさわしい活動を選べるようにする。

Ⅱ　新たな地域クラブ活動

公立中学校において、学校部活動の維持が困難となる前に、学校と地域との連携・協働により、生徒のスポーツ・文化芸術活動の場として、新たに地域クラブ活動を整備する必要がある。

地域クラブ活動は、学校の教育課程外の活動として、社会教育法上の「社会教育」（主として青少年及び成人に対して行われる組織的な教育活動（体育及びレクリエーションの活動を含む。））の一環として捉えることができ、また、スポーツ基本法や文化芸術基本法上の「スポーツ」「文化芸術」として位置付けられるものでもある。したがって、地域クラブ活動は、学校と連携し、学校部活動の教育的意義を継承・発展しつつ、スポーツ・文化芸術の振興の観点からも充実を図ることが重要である。

これを踏まえ、学校部活動で担ってきた生徒のスポーツ・文化芸術の機会を地域スポーツ・文化芸術から支えに行くという視点も有しつつ、新たな地域クラブ活動の在り方や運営体制、活動内容等について示す。各都道府県及び市区町村等においては、地域の実情に応じ、関係者の共通理解の下、できるところから取組を進めていくことが望ましい。

1　新たな地域クラブ活動の在り方

ア　都道府県及び市区町村は、生徒が生涯にわたってスポーツ・文化芸術に親しむ機会を確保し、生徒の心身の健全育成等を図るためだけでなく、地域住民にとってもより良い地域スポーツ・文化芸術環境となることを目指し、地域のスポーツ・文化芸術団体、学校等の関係者の理解と協力の下、生徒の活動の場として、地域クラブ活動を行う環境を速やかに整備する。

イ　地域クラブ活動を行う環境の整備は、各地域クラブ活動を統括する運営団体や、個別の地域クラブ活動を実際に行う実施主体が進めることが考えられる。このような運営団体・実施主体等の整備、生徒のニーズに応じた複数の運動種目・文化芸術分野に取り組めるプログラムの提供、質の高い指導者の確保等に取り組み、生徒のみならず地域住民を対象とした地域スポーツ・文化芸術活動全体を振興する契機とする。

ウ　新たな地域クラブ活動を整備するに当たり、例えば総合型地域スポーツクラブの充実を図ること

で、中学校の生徒だけではなく、他の世代にとっても、気軽にスポーツ・文化芸術活動を行える環境となり、地域全体としてより幅広いニーズに応えられるようになること、生涯を通じた運動習慣作りや文化芸術等の愛好が促進されること、行政やスポーツ・文化芸術団体、学校等との緊密な連携や、指導者等の活用が充実することが期待できる。

2　適切な運営や効率的・効果的な活動の推進
（1）参加者
　従来の学校部活動に所属していた生徒はもとより、学校部活動に所属していない生徒、運動や歌、楽器、絵を描くことなどが苦手な生徒、障害のある生徒など、希望する全ての生徒を想定する。

（2）運営団体・実施主体
① 地域スポーツ・文化芸術団体等の整備充実
【地域スポーツ団体等】
ア　市区町村は、関係者の協力を得て、地域クラブ活動の運営団体・実施主体の整備充実を支援する。その際、運営団体・実施主体は、総合型地域スポーツクラブやスポーツ少年団、体育・スポーツ協会、競技団体、クラブチーム、プロスポーツチーム、民間事業者、フィットネスジム、大学など多様なものを想定する。また、地域学校協働本部や保護者会、同窓会、複数の学校の運動部が統合して設立する団体など、学校と関係する組織・団体も想定する。なお、市区町村が運営団体となることも想定される。

イ　都道府県及び市区町村並びにJSPOをはじめとしたスポーツ団体等は、『スポーツ団体ガバナンスコード＜一般スポーツ団体向け＞』を運営団体・実施主体等に対して広く周知・徹底する。また、運営団体・実施主体は、『スポーツ団体ガバナンスコード＜一般スポーツ団体向け＞』に準拠した運営を行うことが求められる。

【地域文化芸術団体等】
　市区町村は、関係者の協力を得て、地域クラブ活動の運営団体・実施主体の整備充実を支援する。その際、運営団体・実施主体は、文化芸術団体等に加え、地域学校協働本部や保護者会、同窓会、複数の学校の文化部が統合して設立する団体など、学校と関係する組織・団体も想定する。なお、市区町村が運営団体となることも想定される。

② 関係者間の連携体制の構築等
ア　都道府県及び市区町村は、首長部局や教育委員会の中の地域スポーツ・文化振興担当部署や社会教育・生涯学習担当部署、学校の設置・管理運営を担う担当部署、地域スポーツ・文化芸術団体、学校、保護者等の関係者からなる協議会などにおいて、定期的・恒常的な情報共有・連絡調整を行い、緊密に連携する体制を整備する。

イ　地域クラブ活動の運営団体・実施主体は、例えば、年間の活動計画（活動日、休養日及び参加予定大会の日程等）及び毎月の活動計画（活動日時・場所、休養日及び大会参加日等）を策定し、公表する。その際、協議会等の場も活用し、地域におけるスポーツ・文化芸術団体等での活動中の生徒同士のトラブルや事故等の対応を含む管理責任の主体を明確にし、共通理解を図る。

（3）指導者
① 指導者の質の保障
【地域スポーツクラブ活動】
ア　都道府県及び市区町村は、生徒にとってふさわしい地域スポーツ環境を整備するため、各地域において、専門性や資質・能力を有する指導者を確保する。
　また、スポーツ団体等は、生徒の多様なニーズに応えられる指導者の養成や資質向上の取組を進める。

イ　JSPOは、より多くの指導者が自ら公認スポーツ指導者資格取得を目指すような制度設計に取り組む。その際、指導技術の担保や生徒の安全・健康面の配慮など、生徒への適切な指導力等の質のみならず、暴言・暴力、行き過ぎた指導、ハラス

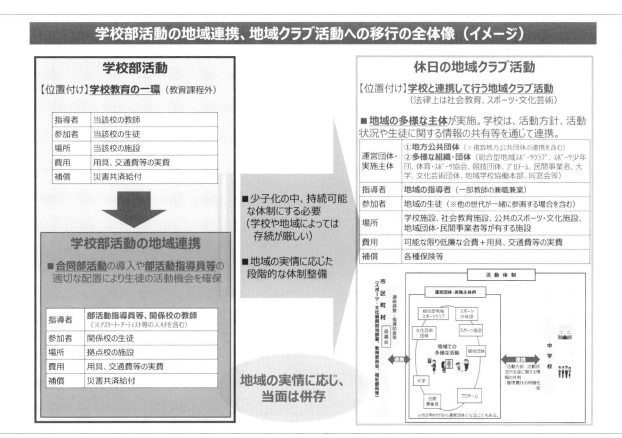

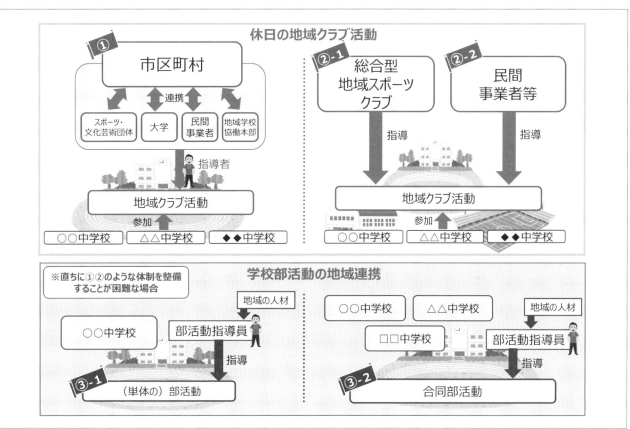

［出典］https://www.bunka.go.jp/seisaku/geijutsubunka/sobunsai/pdf/93813101_03.pdf

メント等の行為も根絶する。

ウ　公益財団法人日本パラスポーツ協会及び各競技団体は、障害者スポーツ指導資格の取得を促進するとともに、研修機会を充実する。

エ　指導者は、スポーツに精通したスポーツドクターや有資格のトレーナー等と緊密に連携するなど、生徒を安全・健康管理等の面で支える。

オ　スポーツ団体等は、指導者に暴力等の問題となる行動が見られた場合への対応について、自ら設ける相談窓口のほか、JSPO等の統括団体が設ける相談窓口を活用し、公平・公正に対処する。都道府県や市区町村などスポーツ団体とは別の第三者が相談を受け付け、各競技団体等と連携しながら対応する仕組みも必要に応じて検討する。

【地域文化クラブ活動】

ア　都道府県及び市区町村は、生徒にとってふさわしい文化芸術等に親しむ環境を整備するため、各地域において、専門性や資質・能力を有する指導者を確保する。また、文化芸術団体等は、生徒の多様なニーズに応えられる指導者の養成や資質向上の取組を進める。

イ　文化芸術団体等は、指導者の質を保障するための研修等実施の際、これまでの文化部活動の意義や役割について、地域単位の活動においても継承・発展させ、新しい価値が創出されるよう、学校教育関係者等と必要な連携をしつつ、発達段階やニーズに応じた多様な活動ができるように留意する。特に、練習が過度な負担とならないようにするとともに、生徒の安全の確保や暴言・暴力、行き過ぎた指導、ハラスメント等の行為も根絶する。また、指導者に当該行為が見られた場合への公平・公正な対処について、自ら設ける相談窓口の設置及びその周知や、都道府県や市区町村など文化芸術団体とは別の第三者が相談を受け付け、各団体等と連携しながら対応する仕組みの検討等を進める。さらには、文化芸術活動で留意する必要がある著作権について研修等を行い、地域における文化芸術活動の中で指導者の理解を深める。

② **適切な指導の実施**

ア　地域クラブ活動の運営団体・実施主体は、Ⅰ2（1）に準じ、参加者の心身の健康管理、事故防止を徹底し、体罰・ハラスメントを根絶する。都道府県及び市区町村は、適宜、指導助言を行う。

イ　指導者は、Ⅰ2（1）に準じ、生徒との十分なコミュニケーションを図りつつ、適切な休養、過度の練習の防止や合理的かつ効率的・効果的な練習の積極的な導入等を行う。

　　また、専門的知見を有する保健体育担当の教師や養護教諭等の協力を得て、発達の個人差や女子の成長期における体と心の状態等に関する正しい知識を修得する。

ウ　地域クラブ活動の運営団体・実施主体は、Ⅰ2（2）アの指導手引を活用して、指導を行う。

③ **指導者の量の確保**

ア　地域クラブ活動の運営団体・実施主体は、スポーツ・文化芸術団体の指導者のほか、部活動指導員となっている人材の活用、退職教師、教師等の兼職兼業、企業関係者、公認スポーツ指導者、スポーツ推進委員、競技・活動経験のある大学生・高校生や保護者、地域おこし協力隊など、様々な関係者から指導者を確保する。

イ　都道府県は、域内におけるスポーツ・文化芸術団体等の協力を得ながら、指導者の発掘・把握に努め、求めに応じて指導者を紹介する人材バンクを整備するなど、地域クラブ活動の運営団体・実施主体による指導者の配置を支援する。市区町村が人材バンクを整備する場合は、都道府県との連携にも留意する。

ウ　都道府県、市区町村及び地域クラブ活動の運営団体・実施主体は、生徒が優れた指導者から指導を受けられるよう、必要に応じICTを活用した遠隔指導ができる体制を整える。

エ　JSPOをはじめとしたスポーツ団体、文化芸術団体等は、指導者資格の取得や研修・講座の受講に際し、インターネットを通じて受講できるようにするなど、指導者の負担軽減に配慮した工夫を

行う。また、JSPOは、自らが運営する公認スポーツ指導者マッチングサイトの活用促進に取り組む。

④ **教師等の兼職兼業**

ア 教育委員会は、国が示す手引き等も参考としつつ、地域クラブ活動での指導を希望する教師等が、円滑に兼職兼業の許可を得られるよう、規程や運用の改善を行う。

イ 教育委員会等が兼職兼業の許可をする際には、教師等の本人の意思を尊重し、指導を望んでいないにもかかわらず参加を強いられることがないよう十分に確認するとともに、勤務校等における業務への影響の有無、教師等の健康への配慮など、学校運営に支障がないことの校長の事前確認等も含め、検討して許可する。

ウ 地域のスポーツ・文化芸術団体等は、教師等を指導者として雇用等する際には、居住地や、異動や退職等があっても当該教師等が当該団体等において指導を継続する意向の有無等を踏まえて、継続的・安定的に指導者を確保できるよう留意する。その他、兼職兼業に係る労働時間等の確認等を行うに当たっては、厚生労働省の「副業・兼業の促進に関するガイドライン」も参照し、教師等の服務監督を行う教育委員会等及び地域のスポーツ・文化芸術団体等は連携して、それぞれにおいて勤務時間等の全体管理を行うなど、双方が雇用者等の適切な労務管理に努める。

(4) 活動内容

ア 地域クラブ活動の運営団体・実施主体は、競技・大会志向で特定の種目や分野に継続的に専念する活動だけではなく、休日や長期休暇中などに開催される体験教室や体験型キャンプのような活動、レクリエーション的な活動、シーズン制のような複数の種目や分野を経験できる活動、障害の有無にかかわらず、誰もが一緒に参加できる活動、アーバンスポーツや、メディア芸術、ユニバーサルスポーツやアート活動など、複数の活動を同時に体験することを含め、生徒の志向や体力

等の状況に適したスポーツ・文化芸術に親しむ機会を、指導体制に応じて段階的に確保する。

イ 地域クラブ活動の運営団体・実施主体は、地域の実情に応じ、生徒の自主的・自発的な活動を尊重しつつ、総合型地域スポーツクラブなど他の世代向けに設置されている活動に生徒が一緒に参画できるようにする。

ウ 地域クラブ活動の運営団体・実施主体は、地域で実施されているスポーツ・文化芸術活動の内容等を生徒や保護者に対して周知する。

(5) 適切な休養日等の設定

地域クラブ活動に取り組む時間については、競技・大会志向の強いものも含め、生徒の志向や体力等の状況に応じて適切な活動時間とする必要がある。地域クラブ活動の運営団体・実施主体は、生徒の心身の成長に配慮して、健康に生活を送れるよう、「Ⅰ 学校部活動」に準じ、下記の活動時間を遵守し、休養日を設定する。

その際、学校部活動と地域クラブ活動が併存することから、生徒の成長や生活全般を見通し、2（2）②のとおり、運営団体・実施主体と学校を中心とした関係者が連携し、調整を図ることが必要である。

ア 学校の学期中は、週当たり2日以上の休養日を設ける。（平日は少なくとも1日、週末は少なくとも1日以上を休養日とする。週末に大会参加等で活動した場合は、休養日を他の日に振り替える。）
地域クラブ活動を休日のみ実施する場合は、原則として1日を休養日とし、休日に大会参加等で活動した場合は、休養日を他の休日に振り替える。

イ 学校の長期休業中の休養日の設定は、学期中に準じた扱いを行う。また、生徒が十分な休養を取ることができるよう、ある程度長期の休養期間（オフシーズン）を設ける。

ウ 1日の活動時間は、長くとも平日では2時間程度、学校の休業日（学期中の週末を含む）は原則として3時間程度とし、できるだけ短時間に、合理的でかつ効率的・効果的な活動を行う。

エ　休養日及び活動時間等の設定については、地域や学校の実態を踏まえた工夫として、定期試験前後の一定期間等、各部共通、学校全体、市区町村共通の休養日を設けることや、週間、月間、年間単位での活動頻度・時間の目安を定めることも考えられる。

（6）活動場所

ア　地域クラブ活動の運営団体・実施主体は、公共のスポーツ・文化施設や、社会教育施設、地域団体・民間事業者等が有する施設だけではなく、地域の中学校をはじめとして、小学校や高等学校、特別支援学校や、廃校施設も活用する。

イ　都道府県及び市区町村は、学校施設の管理運営については、指定管理者制度や業務委託等を取り入れ、地域クラブ活動を実施する団体等に委託するなど、当該団体等の安定的・継続的な運営を促進する。

ウ　営利を目的とした学校施設の利用を一律に認めない規則の制定や運用を行っている都道府県及び市区町村においては、地域クラブ活動を行おうとする民間事業者等が、学校施設の利用が可能となるよう改善を行う。

エ　都道府県及び市区町村は、地域クラブ活動を行う団体等に対して学校施設、社会教育施設や文化施設等について低廉な利用料を認めるなど、負担軽減や利用しやすい環境づくりを行う。

オ　都道府県、市区町村及び学校は、学校の負担なく学校施設の円滑な利用を進めるため、学校、行政、関係団体による前記2（2）②の協議会等を通じて、前記イからエまでを踏まえた地域クラブ活動の際の利用ルール等を策定する。

カ　前記アからオまでについて、都道府県や市区町村の実務担当者向けの「学校体育施設の有効活用に関する手引き」（令和2年3月スポーツ庁策定）や「地域での文化活動を推進するための『学校施設開放の方針』について」（令和3年1月文化庁策定）も参考に取り組む。

（7）会費の適切な設定と保護者等の負担軽減

ア　地域クラブ活動の運営団体・実施主体は、生徒や保護者、地域住民等の理解を得つつ、活動の維持・運営に必要な範囲で、可能な限り低廉な会費を設定する。

イ　都道府県及び市区町村は、地域クラブ活動に係る施設使用料を低廉な額としたり、送迎面の配慮を行ったりするなどの支援を行うとともに、経済的に困窮する家庭の生徒の地域クラブ活動への参加費用の支援等の取組を進める。

ウ　都道府県及び市区町村は、地域クラブ活動の運営団体・実施主体が、地元の企業等の協力を得て、企業等が有する施設の利用や設備・用具・楽器の寄附等の支援を受けられる体制の整備や、家庭の参加費用の負担軽減に資する取組等を推進する。その際、企業からの寄附等を活用した基金の創設や、企業版ふるさと納税の活用等も考えられる。

エ　地域クラブ活動の運営団体・実施主体は、「スポーツ団体ガバナンスコード＜一般スポーツ団体向け＞」に準拠し、公正かつ適切な会計処理を行い、組織運営に透明性を確保するため、関係者に対する情報開示を適切に行う。

（8）保険の加入

ア　地域クラブ活動の運営団体・実施主体は、指導者や参加する生徒等に対して、自身の怪我等を補償する保険や個人賠償責任保険に加入するよう促す。

イ　各競技団体又は生徒のスポーツ・文化芸術活動に関わる各分野の関係団体等は、分野・競技特性やこれまでの活動状況・怪我や事故の発生状況等を踏まえ適切な補償内容・保険料である保険を選定し、地域クラブ活動の運営団体・実施主体が各競技団体又は生徒のスポーツ・文化芸術活動に関わる各分野の関係団体等に加盟するに当たって、指導者や参加者等に対して指定する保険加入を義務付けるなど、怪我や事故が生じても適切な補償が受けられるようにする。

3 学校との連携等

ア 地域クラブ活動は、青少年のスポーツ・文化芸術活動が有する教育的意義のみならず、集団の中で仲間と切磋琢磨することや、学校の授業とは違った場所で生徒が活躍することなど、生徒の望ましい成長を保障していく観点から、教育的意義を持ちうるものである。

　学校部活動の教育的意義や役割を継承・発展させ、地域での多様な体験や様々な世代との豊かな交流等を通じた学びなどの新しい価値が創出されるよう、学校・家庭・地域の相互の連携・協働の下、スポーツ・文化芸術活動による教育的機能を一層高めていくことが大切である。

イ 地域クラブ活動と学校部活動との間では、運営団体・実施主体や指導者が異なるため、2（2）②で述べた協議会等の場を活用し、地域クラブ活動と学校部活動との間で、活動方針や活動状況、スケジュール等の共通理解を図るとともに、関係者が日々の生徒の活動状況に関する情報共有等を綿密に行い、学校を含めた地域全体で生徒の望ましい成長を保障する。その際、兼職兼業により指導に携わる教師の知見も活用する。

ウ 都道府県及び市区町村は、地域クラブ活動が前記2に示した内容に沿って適正に行われるよう、地域クラブ活動の運営団体・実施主体の取組状況を適宜把握し、必要な指導助言を行う。

エ 学校の設置者及び校長は、地域で実施されているスポーツ・文化芸術活動の内容等も生徒や保護者に周知するなど、生徒が興味関心に応じて自分にふさわしい活動を選べるようにする。

Ⅲ 学校部活動の地域連携や地域クラブ活動への移行に向けた環境整備（略）

Ⅳ 大会等の在り方の見直し

　新たな地域クラブ活動を実施するに当たっては、活動の成果発表の場である大会やコンクール等において、学校部活動の参加者だけでなく、地域クラブ活動の参加者のニーズ等に応じて、持続可能な運営がされることが必要である。ここでは、地域クラブ活動の実施に伴いあるべき大会等の在り方について示す。

1 生徒の大会等の参加機会の確保

ア 中学校等の生徒を対象とする大会等の主催者は、生徒の参加機会の確保の観点から、大会参加資格を学校単位に限定することなく、地域の実情に応じ、地域クラブ活動や複数校合同チームの会員等も参加できるよう、全国大会、都道府県大会、地区大会及び市区町村大会において見直しを行う。

　例えば、既に日本中体連においては、令和5年度から地域のスポーツ団体等の活動に参加する中学生の全国中学校体育大会への参加を承認することを決定しているところ、その参加資格の拡大を着実に実施する。あわせて、都道府県中学校体育連盟（以下「都道府県中体連」という。）及びその域内の中学校体育連盟（以下「域内の中体連」という。）等が主催する大会においても同様の見直しが図られるよう、日本中体連は都道府県中体連に対し、都道府県中体連は域内の中体連に対し、それぞれ必要な協力や支援を行う。

イ 都道府県及び市区町村は、大会等に対する支援の在り方を見直し、地域クラブ活動等も参加できる大会等に対して、補助金や後援名義、学校や公共の体育・スポーツ施設、文化施設の貸与等の支援を行う。

ウ 大会等の主催者は、移行期において学校部活動と地域クラブ活動の両方が存在する状況において、公平・公正な大会参加機会を確保できるよう、複数校合同チームの取扱いも含め、参加登録の在り方を決定する。

（後略）

〔出典〕https://www.bunka.go.jp/seisaku/geijutsubunka/sobunsai/93813101.html

教育関係者向け総合情報サイト

😊 ぎょうせい 教育ライブラリ

Since 2019

● 『学びのある』学校づくりへの羅針盤をコンセプトに、教育の現在に特化した情報サイトです。

「お気に入り」登録を！
https://shop.gyosei.jp/library/

▼「ぎょうせい教育ライブラリ」トップページ

教育実践ライブラリ Vol.5
評価から考える子ども自らが伸びる学び

令和5年2月1日　第1刷発行

編集・発行　**株式会社ぎょうせい**

〒136-8575　東京都江東区新木場1-18-11
URL：https://gyosei.jp

フリーコール　0120-953-431

ぎょうせい　お問い合わせ　検索　https://gyosei.jp/inquiry/

〈検印省略〉

印刷　ぎょうせいデジタル株式会社　　　　　　　　　　©2023　Printed in Japan
※乱丁・落丁本はお取り替えいたします。
ISBN978-4-324-11133-8
(3100555-01-005)
〔略号：教実ライブラリ5〕

藻岩山（北海道）

北海道の夜景と言えばどこを思い浮かべるだろうか。函館の名を挙げる者が多いが、札幌の夜景にも注目して欲しい。近年、日本新三大夜景に認定されるなど人気が高まっている。そんな、札幌の夜景を代表するスポットが藻岩山。展望台に辿りつくと、縁結びのシンボルとして親しまれている「幸せの鐘」が出迎えてくれる。その先に広がる夜景とは……。

写真・文／**中村 勇太**（夜景写真家）

なかむら・ゆうた／日本と台湾を取材する夜景写真家。日本夜景オフィス株式会社の代表取締役。カメラ雑誌などで夜景撮影テクニックの記事執筆、テレビやラジオの番組に出演し夜景の解説、ツアーにて夜景のガイド、夜景撮影教室にて夜景撮影のレクチャーなどの活動を行っている。自身が企画・運営している夜景情報サイトでは、「夜景で繋がる。旅が輝く。」をテーマに、日本全国、台湾の夜景スポット情報、夜景に関するニュースなどを配信している。

🖊 藻岩山（北海道）

標高531mの山頂からは石狩平野に広がる札幌の夜景を一望。190万都市が放つまばゆい光に誰もが圧倒されるはず。札幌の俯瞰夜景が美しい理由の一つとして街が碁盤の目状に整備されていることが挙げられる。この整然な街並みが織りなす美的な夜景は札幌ならでは。更にお勧めしたいのが冬の光景だ。街に降り積もる雪に明かりが反射して、より明るく優しい夜景を魅せてくれる。一面にきめ細かく輝くその光景はまさに「光の絨毯」とも言えよう。

かもも

愛媛県松山市立鴨川中学校

　本校は、松山城の北西部に位置し、全校生徒517人、特別支援学級2学級を含む16学級の学校です。校訓「自主・独立・敬愛」のもと、本年度は学校の教育目標に「頼れる鴨中生は地域の誇り」を掲げ取り組んでいます。

　平成24年度に「学校を好きになれるキャラクターを作ろう」と生徒会が中心となり募集して誕生した「かもも」は、校章のオリーブを冠にした人なつっこいキャラクターです。鴨川の校名からカモをイメージし、可愛くデザインしています。マントの色は、地域の名産宮内伊予柑のオレンジを基調にしています。「かももって、誰が入っているの」と生徒や教職員に尋ねると、「中には、夢と希望が詰まっています」と答えてくれます。また、平成26年にはゆるキャラグランプリにも出場しました。

　かももは、たくさんの方々に愛される活動をしています。4月の生徒会入会式を皮切りに、松山市総体・新人体育大会壮行会の応援、約1万人が走る愛媛マラソンでも、校区の国道を走る選手の応援をします。また、学期に一回の児童生徒を守り育てる日のあいさつ運動にも参加します。「かももがいると楽しくなります」。いつもみんなの期待に応え、学校でのたくさんの出来事を見守ってきたかももは、これからも積極的に活動し、鴨中生の夢と希望を応援します。　　　　　（教諭・髙須賀　仁）

プロフィール
　誕生日：　9月2日（全校生徒へ御披露目式をした日）
　家族構成：現在独身
　好きな言葉：夢・希望
　嫌いなこと：自分を大切にしないこと
　特技：みんなの夢や希望を応援すること
　趣味：みんなと一緒に楽しむこと

現在、20種類以上のかももが活躍中。

鴨川中いじめ0宣言
① 相手の気持ちを考え、行動します。
② 誰かが悲しむ行為も、小さな変化も見逃しません。
③ ささいなことでも相談します。
以上、3点を常に意識し、皆が過ごしやすい雰囲気を作ります。令和4年3月〜

【十月生徒会目標】
団結・感動
仲間と協力し、力を発揮。人とのつながりを大切にしよう。

「いじめ0宣言」や校内掲示の生徒会目標にも登場。

クリアファイル、日記にもかもも。

ポーズを決めて。「夢と希望が詰まっています」。